I0536056

BESTACTIVITYBOOKS.COM

PRIMA EDIZIONE 2022

Illustrazione Grafica Extra: www.freepik.com
Grazie a Alekksall, Starline, Pch.vector, Rawpixel.com, Vectorpocket, Dgim-studio, Upklyak, Macrovector, Stockgiu, Pikisuperstar & Freepik.com Designers

5 CONSIGLI PER INIZIARE

1) COME RISOLVERE LE PAROLE INTRECCIATTE

I puzzle hanno un formato classico:

- Le parole sono nascoste senza spazi o trattini,...
- Orientamento: Le parole possono essere scritte in avanti, indietro, verso l'alto, verso il basso o in diagonale (possono essere invertite).
- Le parole possono sovrapporsi o intersecarsi.

2) APPRENDIMENTO ATTIVO

Accanto ad ogni parola c'è uno spazio per scrivere la traduzione. Per incoraggiare l'apprendimento attivo, un **DIZIONARIO** alla fine di questa edizione vi permetterà di controllare e ampliare le vostre conoscenze. Cerca e scrivi le traduzioni, trovale nel puzzle e aggiungile al tuo vocabolario!

3) SEGNARE LE PAROLE

Puoi inventare il tuo sistema di segni. Forse ne usi già uno? Per esempio, puoi segnare le parole difficili da trovare con una croce, le parole preferite con una stella, le parole nuove con un triangolo, le parole rare con un diamante, e così via.

4) STRUTTURARE L'APPRENDIMENTO

Questa edizione offre un **TACCUINO** alla fine del libro. In vacanza, in viaggio o a casa, puoi organizzare facilmente le tue nuove conoscenze senza bisogno di un secondo quaderno!

5) AVETE FINITO TUTTE LE GRIGLIE?

Nelle ultime pagine di questo libro, nella sezione della **SFIDA FINALE**, troverete un gioco gratuito!

Facile e veloce! Dai un'occhiata alla nostra collezione di libri di attività per il tuo prossimo momento di divertimento e **apprendimento,** a portata di clic!

Trova la tua prossima sfida su:

BestActivityBooks.com/MioProssimoLibro

Ai vostri posti, pronti...Via!

Sapevi che ci sono circa 7.000 lingue diverse nel mondo? Le parole sono preziose.

Amiamo le lingue e abbiamo lavorato duramente per creare libri di altissima qualità. I nostri ingredienti?

Una selezione di argomenti adatti all'apprendimento, tre buone porzioni di intrattenimento, una cucchiaiata di parole difficili e una spolverata di parole rare. Li serviamo con amore e entusiasmo in modo che tu possa risolvere i migliori giochi di parole e divertirti imparando!

La vostra opinione è essenziale. Puoi partecipare attivamente al successo di questo libro lasciandoci un commento. Ci piacerebbe sapere cosa ti è piaciuto di più di questa edizione.

Ecco un link veloce alla pagina dell'ordine:

BestBooksActivity.com/Recensione50

Grazie per il vostro aiuto e buon divertimento!

Tutta la squadra

1 - Scacchi

H	G	Y	D	G	G	T	N	Ữ	H	O	À	N	G	T	A
T	A	L	V	R	Đ	Q	U	Á	N	Q	U	Â	N	R	H
P	R	T	T	G	I	Ơ	H	C	I	Ờ	Ư	G	N	Ò	N
K	N	Ắ	O	I	Ể	G	B	Q	O	B	I	M	E	C	R
O	H	B	N	T	M	G	I	U	B	Q	T	P	Đ	H	L
D	P	A	V	G	H	U	T	R	Y	Q	C	R	P	Ơ	U
C	U	Q	N	D	N	Ô	U	B	K	I	V	V	B	I	D
O	R	U	U	R	C	H	N	A	I	G	I	Ờ	H	T	L
É	U	M	Ấ	U	I	O	I	G	N	Ộ	Đ	Ụ	H	T	Y
H	M	U	Đ	Ố	I	T	H	Ủ	M	M	T	L	N	T	Y
C	Y	P	I	V	K	G	Q	M	Q	I	G	I	N	H	P
G	R	S	Ả	Q	M	U	C	Ợ	Ư	L	N	Ế	I	H	C
N	H	M	I	G	H	A	Q	H	U	T	M	H	G	N	T
Ờ	T	M	G	N	C	U	Ộ	C	T	H	I	Y	I	U	P
Ư	U	Q	P	H	H	V	O	C	V	O	T	G	O	U	K
Đ	R	G	A	O	C	Q	U	Y	T	Ắ	C	Y	O	Y	P

ĐỐI THỦ
TRẮNG
QUÁN QUÂN
CUỘC THI
ĐƯỜNG CHÉO
NGƯỜI CHƠI
TRÒ CHƠI
THÔNG MINH
ĐEN
THỤ ĐỘNG
ĐIỂM
VUA
NỮ HOÀNG
QUY TẮC
HY SINH
CHIẾN LƯỢC
THỜI GIAN
GIẢI ĐẤU

2 - Salute e Benessere #2

B	G	C	Ớ	Ư	N	T	Ấ	M	Y	A	Y	U	P	Ă	T
N	Ệ	G	Ơ	U	L	V	T	B	U	Q	G	B	P	N	K
K	N	N	P	T	H	H	T	G	M	M	T	A	B	K	I
R	G	Ợ	H	A	H	Q	M	Y	Q	I	I	B	I	I	D
N	I	Ư	N	V	V	Ể	P	M	C	K	Ê	Y	U	Ê	L
N	Ả	L	I	K	I	U	Q	H	C	R	U	Á	M	N	P
H	I	G	S	A	A	Ệ	M	U	D	P	H	M	A	G	N
I	P	N	Ệ	N	H	M	N	O	G	N	Ó	D	N	O	G
Ễ	H	Ă	V	G	N	Ặ	N	N	Â	C	A	B	G	N	H
M	Ẫ	N	B	H	Ạ	V	I	T	A	M	I	N	A	G	T
T	U	L	P	B	M	D	I	T	R	U	Y	Ề	N	O	R
R	H	D	N	G	E	Y	I	D	L	Q	H	N	L	M	X
Ù	Ọ	Y	Q	A	Ỏ	D	Ị	Ứ	N	G	B	C	A	L	O
N	C	D	I	N	H	D	Ư	Ỡ	N	G	Ệ	A	L	N	Y
G	B	D	K	R	K	G	R	Y	C	C	N	T	B	N	Y
V	T	Q	T	U	C	B	V	T	N	H	H	O	V	A	O

DỊ ỨNG
GIẢI PHẪU HỌC
NGON
CALO
CƠ THỂ
ĂN KIÊNG
TIÊU HÓA
MẤT NƯỚC
NĂNG LƯỢNG
DI TRUYỀN
VỆ SINH
NHIỄM TRÙNG
BỆNH
XOA BÓP
DINH DƯỠNG
BỆNH VIỆN
CÂN NẶNG
MÁU
KHỎE MẠNH
VITAMIN

3 - Aggettivi #2

R	N	A	P	K	D	A	I	Q	T	T	Ậ	H	T	G	O
D	D	Ổ	U	K	N	G	P	H	H	H	M	Ạ	N	H	Y
V	D	L	I	C	R	U	Ả	U	V	A	R	A	R	Y	U
N	V	T	G	D	O	G	T	Ọ	G	N	P	B	K	Y	M
U	T	U	A	T	A	T	Ô	K	N	H	Y	Q	P	N	D
Ỡ	H	H	G	G	M	N	M	G	Ó	L	K	Ị	C	H	P
M	Ặ	N	U	R	B	R	H	O	N	Ị	L	P	Đ	Ó	I
U	G	R	P	Ầ	O	Q	D	A	À	C	N	G	K	T	P
À	C	B	P	D	N	I	I	P	Y	H	R	H	H	R	I
M	B	Ì	N	H	T	H	Ư	Ờ	N	G	Ự	V	Ỏ	P	H
B	Q	Q	Ê	M	D	K	L	B	M	I	G	T	E	H	K
T	M	Ớ	I	S	Á	N	G	T	Ạ	O	T	B	M	T	Q
L	N	Y	H	K	K	K	I	K	Y	A	I	C	Ạ	H	A
A	Q	C	N	N	Q	O	A	H	G	P	R	M	N	Ú	L
H	K	C	Ự	G	R	R	A	Ô	G	M	R	A	H	V	R
Y	U	N	T	K	U	I	Y	H	R	P	U	K	Y	Ị	P

ĐÓI
KHÔ
THẬT
NÓNG
SÁNG TẠO
MÔ TẢ
NGỌT
KỊCH
THANH LỊCH
NỔI DANH
MẠNH
THÚ VỊ
TỰ NHIÊN
BÌNH THƯỜNG
MỚI
TỰ HÀO
MÀU MỠ
THUẦN
MẶN
KHỎE MẠNH

4 - Pesca

Y	T	Q	C	P	L	G	M	Ị	T	H	Y	G	N	L	H
C	U	U	M	V	Â	Y	Q	B	D	D	K	H	M	P	V
H	G	C	O	C	T	B	M	T	B	N	U	C	N	K	A
A	Y	I	T	I	C	A	U	Ế	P	A	A	K	L	T	L
M	Ồ	I	Q	Y	H	G	O	I	N	O	P	Y	L	O	I
B	Ã	I	B	I	Ể	N	Ẫ	H	N	N	Ê	I	K	C	M
O	Q	G	T	N	I	Ơ	Q	T	Q	U	U	G	R	C	G
L	I	C	H	K	L	Ư	H	G	O	S	C	Á	I	R	Ổ
G	V	C	U	T	C	D	D	Q	Q	A	Ô	N	Ư	Ớ	C
H	Q	H	Y	K	K	I	H	P	U	V	H	N	B	T	O
I	B	V	Ề	D	Q	Ạ	R	À	I	L	N	I	G	I	O
D	Â	Y	N	C	P	Đ	M	Q	M	O	T	N	N	H	V
C	Â	N	N	Ặ	N	G	M	D	N	I	N	C	A	Ù	M
B	N	U	D	P	V	M	Ó	O	Q	A	Y	Ấ	M	B	M
C	M	U	M	L	H	Ồ	C	V	U	Y	G	V	U	U	U
P	H	Ó	N	G	Đ	Ạ	I	K	Y	U	T	K	L	U	T

NƯỚC
THIẾT BỊ
THUYỀN
MANG
CÁI RỔ
NẤU
PHÓNG ĐẠI
MỒI
DÂY
SÔNG
MÓC
HỒ
HÀM
ĐẠI DƯƠNG
KIÊN NHẪN
CÂN NẶNG
VÂY
BÃI BIỂN
MÙA

5 - Ingegneria

P	I	U	R	R	Y	L	E	S	E	I	D	X	T	C	T
H	H	D	G	X	O	A	Y	Ơ	M	Q	R	Â	Í	H	R
Y	U	Â	G	Ó	U	R	N	Đ	O	L	M	Y	N	Ấ	Ụ
I	M	C	N	I	C	K	C	Ồ	M	K	D	D	H	T	C
N	T	C	Ợ	P	L	T	Y	D	G	T	V	Ự	T	L	K
D	O	D	Ư	M	H	D	A	I	V	D	N	N	O	Ỏ	O
K	A	D	L	D	Y	Ố	V	H	O	O	O	G	Á	N	I
C	V	G	G	B	B	A	I	L	D	N	O	K	N	G	N
V	R	Đ	N	U	Đ	Ư	Ờ	N	G	K	Í	N	H	N	Q
L	L	O	Ă	P	D	B	U	O	Ổ	Đ	V	I	Y	Ă	M
H	N	G	N	O	K	I	C	D	N	Ộ	N	O	O	R	O
V	Đ	Q	Q	H	H	Q	L	N	Đ	N	M	M	V	H	M
R	Ộ	G	Y	Ẩ	Đ	M	B	B	Ị	G	K	V	G	N	A
I	S	L	V	Á	Q	Q	H	B	N	C	C	L	R	Á	Y
U	Â	S	Ứ	C	M	Ạ	N	H	H	Ơ	U	G	D	B	B
U	U	Ấ	C	T	Ế	K	O	L	A	B	H	L	U	P	L

GÓC
TRỤC
TÍNH TOÁN
XÂY DỰNG
SƠ ĐỒ
ĐƯỜNG KÍNH
DIESEL
PHÂN PHỐI
NĂNG LƯỢNG
SỨC MẠNH
BÁNH RĂNG
CHẤT LỎNG
MÁY
ĐO
ĐỘNG CƠ
ĐỘ SÂU
ĐẨY
XOAY
ỔN ĐỊNH
KẾT CẤU

6 - Archeologia

H	V	X	M	C	T	L	Q	B	C	T	O	P	A	K	I
Y	B	Ư	G	Ộ	U	G	P	D	U	H	Q	D	N	B	Y
P	L	Ơ	A	G	L	N	G	H	K	Y	Q	G	Y	M	N
G	A	N	Q	A	U	P	N	Ă	M	Y	T	U	R	D	V
M	K	G	U	U	M	M	I	Ề	C	A	R	N	K	C	V
T	M	N	Ê	G	P	K	G	M	Đ	V	H	Ê	H	Q	R
M	M	Ợ	N	A	T	H	C	Í	T	I	D	Y	N	Q	L
Ố	P	Ư	Ẩ	Q	B	Ô	T	R	I	O	Ô	U	I	A	Đ
G	B	T	Í	I	N	N	C	U	K	P	Q	G	M	H	Á
Ồ	O	I	B	Q	L	G	Ổ	Y	N	H	G	N	N	Ó	N
Đ	L	Ố	G	V	H	R	Y	N	A	Â	I	Ỷ	Ă	A	H
D	Ộ	Đ	V	Q	T	Õ	D	N	M	N	Á	K	V	T	G
A	A	I	G	N	Ê	Y	U	H	C	T	O	I	N	H	I
A	L	R	P	T	O	K	K	N	I	Í	S	O	Ề	Ạ	Á
D	T	O	Y	R	B	P	Y	Ả	M	C	Ư	I	N	C	G
Q	A	Y	V	B	K	P	V	M	L	H	Q	G	B	H	U

PHÂN TÍCH
NĂM
CỔ
ĐỒ GỐM
NỀN VĂN MINH
QUÊN
KỶ NGUYÊN
CHUYÊN GIA
HÓA THẠCH
MẢNH

BÍ ẨN
ĐỐI TƯỢNG
XƯƠNG
GIÁO SƯ
DI TÍCH
KHÔNG RÕ
ĐỘI
NGÔI ĐỀN
MỘ
ĐÁNH GIÁ

7 - Salute e Benessere #1

C	O	A	K	C	M	M	Ế	I	U	Ạ	X	N	Ả	H	P
T	H	T	I	Ệ	M	T	H	U	Ố	C	Ư	R	T	Q	B
D	H	I	L	L	R	Ú	T	T	O	C	Ơ	M	H	K	G
Â	A	Ó	Ề	P	A	R	Ư	R	P	Q	N	A	Ư	Y	N
Y	N	Đ	I	U	H	I	T	Ị	H	G	G	H	G	Q	Ơ
T	V	L	T	Q	C	V	I	L	U	H	Y	K	I	U	Ư
H	C	D	B	B	U	A	D	I	Q	O	Y	B	Ã	H	X
Ầ	Q	M	T	Á	M	E	O	Ệ	R	T	O	G	N	A	Y
N	L	M	N	C	C	V	N	U	R	M	R	H	O	H	Ã
K	T	K	Q	S	U	G	I	H	O	Ạ	T	Đ	Ộ	N	G
I	H	R	Q	Ĩ	G	U	O	K	N	C	Ơ	B	Ắ	P	Q
N	U	D	H	Ố	T	H	C	Í	H	T	H	C	Í	K	I
H	Ố	Đ	I	Ề	U	T	R	Ị	Q	U	O	P	P	L	N
K	C	O	G	B	M	U	M	G	Y	I	Ẩ	C	Q	Q	Y
N	O	I	T	D	M	T	V	H	H	P	Y	N	M	B	M
M	I	K	R	P	K	I	D	A	P	P	L	H	L	V	Y

THÓI QUEN
CHIỀU CAO
HOẠT ĐỘNG
VI KHUẨN
ĐÓI
TIỆM THUỐC
GÃY XƯƠNG
THUỐC
BÁC SĨ
CƠ BẮP
DÂY THẦN KINH
KÍCH THÍCH TỐ
XƯƠNG
DA
TƯ THẾ
PHẢN XẠ
THƯ GIÃN
TRỊ LIỆU
ĐIỀU TRỊ
VI RÚT

8 - Aggettivi #1

H	D	B	N	M	Ơ	H	T	Ậ	U	H	T	Ệ	H	G	N
L	I	Y	I	V	G	Ẻ	R	T	H	V	R	D	A	N	T
R	Y	Ệ	C	N	L	Ý	U	Q	P	H	N	B	M	Ỏ	U
L	Ộ	G	N	Ọ	R	T	N	A	U	Q	T	I	R	M	Y
Ớ	N	N	M	Đ	D	B	G	N	Ộ	Đ	T	Ạ	O	H	Ệ
N	Ặ	C	G	K	Ạ	I	T	U	R	P	M	C	Ả	Đ	T
L	N	H	P	L	V	I	H	K	B	K	U	C	H	Ầ	Đ
N	G	Ậ	I	Y	Ư	R	Ự	Ỳ	B	Y	Q	A	N	Y	Ố
K	Q	M	I	N	P	Ợ	C	L	D	À	I	I	À	T	I
K	H	Ổ	N	G	L	Ồ	N	Ạ	U	D	C	V	O	H	L
Y	D	U	O	H	Y	K	L	G	V	C	O	T	H	A	K
L	R	T	B	U	Q	V	A	B	L	Q	V	Y	L	M	K
P	O	T	M	T	P	V	U	V	R	P	S	I	G	V	C
M	K	I	P	Y	U	I	C	P	N	C	H	Â	A	Ọ	G
O	V	I	O	G	Q	D	U	N	D	H	L	H	U	N	P
U	M	L	K	R	K	M	N	U	D	Q	O	H	V	G	G

ĐẦY THAM VỌNG
THƠM
NGHỆ THUẬT
TUYỆT ĐỐI
HOẠT ĐỘNG
KHỔNG LỒ
KỲ LẠ
RỘNG LƯỢNG
TRẺ
LỚN
QUAN TRỌNG
CHẬM
DÀI
HIỆN ĐẠI
TRUNG THỰC
HOÀN HẢO
NẶNG
QUÝ
SÂU
MỎNG

9 - Geologia

T	B	A	Y	B	H	C	Ạ	H	T	A	Ó	H	C	D	N
H	M	K	T	V	H	A	M	U	I	C	L	A	C	G	Ú
M	I	V	Ấ	C	B	K	N	C	X	D	I	G	I	C	I
T	Y	K	Đ	Á	Đ	B	H	G	A	G	P	V	H	A	L
H	K	O	G	Đ	D	H	Q	O	Đ	H	C	I	B	R	Ử
C	A	O	N	G	U	Y	Ê	N	Á	Ộ	M	U	Ố	I	A
D	N	D	Ộ	N	Y	K	G	P	Đ	N	N	U	M	P	V
P	C	U	Đ	Ă	D	D	A	H	Ũ	D	G	G	I	Y	U
G	N	P	A	M	M	P	C	D	H	G	N	S	I	H	U
O	K	Ớ	S	A	N	H	Ô	Q	N	T	Ù	U	Ả	G	Q
H	X	L	Ụ	C	Đ	Ị	A	H	L	Q	V	R	L	N	D
N	G	Ó	N	N	G	L	G	I	T	I	N	H	T	H	Ể
N	Q	U	I	O	T	R	V	D	O	R	V	M	G	H	A
V	G	D	A	M	A	H	N	G	N	U	D	I	P	P	G
D	N	U	L	O	Ò	V	O	G	M	C	V	M	H	V	K
T	V	R	G	V	H	N	A	H	C	Ạ	H	T	V	A	C

AXIT
CAO NGUYÊN
CALCIUM
HANG ĐỘNG
LỤC ĐỊA
SAN HÔ
TINH THỂ
XÓI MÒN
HÓA THẠCH
DUNG NHAM
KHOÁNG SẢN
ĐÁ
THẠCH ANH
MUỐI
MĂNG ĐÁ
NHŨ ĐÁ
LỚP
ĐỘNG ĐẤT
NÚI LỬA
VÙNG

10 - Campeggio

I	Q	H	U	P	D	C	C	P	A	H	L	D	C	Q	D
Q	C	O	A	A	B	K	L	Q	N	Ú	I	U	A	Ử	L
G	H	Y	Y	I	P	D	U	O	P	H	D	I	B	C	U
I	A	K	N	K	O	B	V	A	P	I	Ồ	H	I	O	U
T	H	I	Ê	N	N	H	I	Ê	N	A	A	Đ	N	Q	M
O	H	V	B	M	M	I	Q	C	L	A	B	À	N	C	T
X	U	Ồ	N	G	N	Ừ	R	Ô	V	U	I	V	Ẻ	Ả	B
T	Ề	B	N	P	A	C	G	N	Ă	R	T	T	Ặ	M	B
M	L	P	Q	K	I	Ị	B	T	Ế	I	H	T	I	Đ	K
D	Â	Y	T	H	Ừ	N	G	R	R	T	O	V	H	Ộ	A
N	B	C	M	Y	B	B	I	Ù	S	L	A	Õ	O	N	K
O	G	G	Ũ	Q	H	K	O	N	B	Ă	U	N	G	G	G
C	I	Q	Q	P	L	U	T	G	C	N	N	G	C	V	R
T	Â	O	I	R	G	Q	K	I	N	K	C	B	R	Ậ	P
G	G	Y	K	K	P	O	R	I	U	Q	G	C	Ắ	T	Y
P	O	P	U	K	P	N	L	O	N	K	V	C	O	N	N

CÂY
VÕNG
ĐỘNG VẬT
THIẾT BỊ
LA BÀN
CABIN
SĂN BẮN
XUỒNG
MŨ
DÂY THỪNG
VUI VẺ
RỪNG
LỬA
CÔN TRÙNG
HỒ
MẶT TRĂNG
BẢN ĐỒ
NÚI
THIÊN NHIÊN
LỀU

11 - Arti Visive

M	A	O	Ả	G	K	I	A	R	C	K	D	C	K	V	L
O	I	V	C	N	Ẫ	H	P	H	N	À	H	T	I	K	A
Q	K	D	Y	Ấ	H	N	Ả	M	I	H	P	B	Ế	L	C
V	D	C	A	H	O	C	Q	N	N	Đ	Y	N	N	U	G
H	B	Y	Q	P	G	Y	H	C	V	Ồ	V	V	T	C	Y
S	Á	P	T	V	N	N	V	Ụ	T	G	P	Ẽ	R	H	N
H	T	C	Á	T	T	Ệ	I	K	P	Ố	U	P	Ú	Â	G
T	G	Á	N	V	Q	B	L	C	R	M	I	T	C	N	H
B	I	I	Đ	G	O	H	I	T	O	U	U	H	I	D	Ễ
Ứ	Ấ	B	H	I	L	B	L	L	V	Y	M	O	M	U	S
C	Y	Ú	P	O	Ê	Q	U	A	N	Đ	I	Ể	M	N	Ĩ
T	N	T	Q	R	P	U	S	Á	N	G	T	Ạ	O	G	K
R	Ế	C	Q	K	G	H	K	N	N	D	P	U	N	B	K
A	N	H	M	K	T	T	A	H	K	K	Q	M	O	D	Y
N	M	B	Ú	T	C	H	Ì	O	Ắ	G	N	O	V	U	V
H	A	U	Đ	Ấ	T	S	É	T	H	C	D	R	P	K	Y

KIẾN TRÚC
ĐẤT SÉT
NGHỆ SĨ
KIỆT TÁC
VẼ
SÁP
ĐỒ GỐM
THÀNH PHẦN
SÁNG TẠO
PHIM ẢNH
ẢNH CHỤP
PHẤN
BÚT CHÌ
CÁI BÚT
BỨC TRANH
QUAN ĐIỂM
CHÂN DUNG
ĐIÊU KHẮC
GIẤY NẾN

12 - Tempo

P	K	Q	Ỷ	K	Ế	H	T	B	M	R	O	L	P	R	D
L	H	K	C	D	M	Ô	U	T	U	A	S	K	V	T	K
Đ	C	Ú	N	Ă	M	M	Ớ	S	G	Ổ	D	B	V	R	O
Ồ	Ị	C	T	B	Ê	N	O	P	N	I	I	V	U	Ư	G
N	L	Q	A	U	Đ	A	L	P	Á	P	Ờ	T	N	Ớ	A
G	G	D	K	Ổ	T	Y	H	P	H	N	O	M	R	C	D
H	O	P	O	I	U	À	K	A	T	M	B	K	Y	Ư	Y
Ồ	H	M	N	S	O	G	C	T	D	A	P	R	T	Y	A
N	B	P	B	Á	T	N	M	D	A	I	Q	Y	U	M	A
B	H	K	B	N	T	Ư	Ơ	N	G	L	A	I	Ầ	I	Q
C	Ô	N	M	G	G	Y	N	I	T	M	H	D	N	D	R
G	M	Ă	N	G	N	À	H	I	H	M	N	L	M	L	A
B	Q	Q	Q	L	I	Y	T	Q	Ậ	M	M	D	R	M	A
U	U	N	U	Y	A	L	C	A	P	M	Q	O	H	B	K
Q	A	L	O	N	H	L	C	M	K	G	B	D	Q	O	I
Q	L	Q	M	O	R	P	T	V	Ỷ	D	U	H	K	Y	L

NĂM
HÀNG NĂM
LỊCH
THẬP KỶ
SAU
TƯƠNG LAI
NGÀY
HÔM QUA
BUỔI SÁNG
THÁNG
BUỔI TRƯA
PHÚT
ĐÊM
HÔM NAY
GIỜ
ĐỒNG HỒ
SỚM
TRƯỚC
THẾ KỶ
TUẦN

13 - Astronomia

T	B	C	G	H	P	V	R	D	I	O	A	O	I	O	Đ
Ấ	Ê	Ứ	V	U	N	Ệ	T	P	M	I	I	C	U	T	À
Đ	T	N	C	I	M	T	H	A	G	G	P	H	Â	N	I
I	H	V	L	X	L	I	T	R	Ọ	N	G	L	Ự	C	Q
Á	I	Ũ	T	Ử	Ạ	N	C	Q	Y	Ă	N	S	A	T	U
R	Ê	T	I	K	A	H	H	V	A	R	Ă	I	B	H	A
T	N	R	N	O	A	D	Ò	R	B	T	B	Ê	V	I	N
I	P	Ụ	H	B	R	T	M	V	B	T	O	U	I	Ê	S
U	I	H	V	B	M	T	S	B	O	Ặ	A	T	V	N	Á
U	M	Q	Â	N	Ằ	R	A	P	N	M	S	Â	V	H	T
U	H	D	N	I	H	U	O	O	V	O	B	N	L	À	T
C	B	Y	P	H	N	I	T	H	N	À	H	T	G	K	N
I	K	D	T	K	O	L	K	R	C	C	A	I	D	O	Z
S	A	O	C	H	Ổ	I	R	R	Ờ	K	G	N	V	B	O
P	H	I	H	À	N	H	G	I	A	I	A	H	T	P	C
I	I	A	Y	V	I	V	A	Y	V	I	D	B	N	R	L

PHI HÀNH GIA
THIÊN
BẦU TRỜI
SAO CHỔI
VŨ TRỤ
CHÒM SAO
PHÂN
THIÊN HÀ
TRỌNG LỰC
MẶT TRĂNG
SAO BĂNG
TINH VÂN
ĐÀI QUAN SÁT
HÀNH TINH
BỨC XẠ
TÊN LỬA
VỆ TINH
SIÊU TÂN TINH
TRÁI ĐẤT
ZODIAC

14 - Algebra

N	N	Y	P	L	U	P	Y	P	Q	M	N	D	Q	M	V
O	T	D	O	Q	V	K	N	Q	I	C	A	M	O	V	K
H	S	Ổ	L	Y	O	O	N	M	G	U	S	C	I	M	O
V	Ố	H	N	Í	T	N	Ế	Y	U	T	Ơ	Ứ	K	K	O
U	L	Y	P	G	A	D	P	D	L	V	Đ	H	L	Q	Q
Ũ	Ư	I	R	H	D	K	P	P	C	K	Ồ	T	H	M	K
M	Ợ	S	P	Y	É	A	Ó	H	N	Ả	I	G	N	Ơ	Đ
A	N	Ố	C	R	D	P	U	K	Â	U	C	N	Ì	S	R
T	G	V	S	A	I	K	T	Y	N	N	G	Ô	R	Ố	I
R	N	G	O	Ặ	C	G	A	R	V	C	S	C	T	K	H
Ậ	V	Ấ	N	Đ	Ề	M	I	O	Ừ	G	P	Ố	G	H	A
N	V	Ô	H	Ạ	N	A	Y	I	A	T	N	Q	N	Ô	G
B	T	L	V	I	H	M	G	T	C	C	R	K	Ơ	N	K
I	Ố	G	I	Ả	I	P	H	Á	P	G	K	H	Ư	G	L
Ế	I	P	O	K	U	I	N	T	P	D	L	V	H	P	U
N	I	C	Q	Y	V	A	D	A	G	H	Y	H	P	T	B

SƠ ĐỒ
PHƯƠNG TRÌNH
MŨ
SAI
TỐ
CÔNG THỨC
PHÂN SỐ
VÔ HẠN
TUYẾN TÍNH
MA TRẬN
SỐ
NGOẶC
VẤN ĐỀ
SỐ LƯỢNG
ĐƠN GIẢN HÓA
GIẢI PHÁP
TỔNG
PHÉP TRỪ
BIẾN
SỐ KHÔNG

15 - Mitologia

Q	I	O	R	M	A	R	T	L	T	Q	C	S	V	T	O
V	U	Ẫ	M	N	Ê	Y	U	G	N	M	H	I	Y	R	V
R	M	Á	C	B	A	P	M	D	L	L	I	N	A	Ả	P
P	N	L	I	O	N	R	Ê	Q	R	S	Ế	H	S	T	G
O	H	B	A	V	P	T	C	O	I	Ự	N	V	É	H	N
C	Q	Q	C	T	Ậ	C	U	D	D	B	B	Ậ	T	Ù	Q
N	U	U	C	D	B	T	N	Q	G	Ấ	I	T	U	C	I
Ầ	I	P	I	L	L	Q	G	L	H	T	N	K	M	V	K
H	U	Y	Ề	N	D	I	Ệ	U	E	T	H	V	P	L	A
T	S	Ứ	C	M	Ạ	N	H	M	N	Ử	I	Ă	M	P	Y
Ị	H	S	U	O	M	C	R	O	Ạ	T	G	N	Á	S	I
V	R	Ả	Ấ	A	Q	M	M	B	G	I	V	H	N	À	H
C	U	B	M	M	A	N	H	H	Ù	N	G	O	V	U	B
Á	L	C	Q	H	V	C	Ó	C	H	Ế	T	Á	L	Q	N
C	G	O	P	D	Ọ	Q	C	M	T	V	B	R	O	V	O
G	C	T	B	T	Q	A	Y	G	M	Q	N	D	D	L	U

NGUYÊN MẪU
HÀNH VI
SINH VẬT
SÁNG TẠO
VĂN HOÁ
THẢM HỌA
CÁC VỊ THẦN
ANH HÙNG
SỨC MẠNH
SÉT
GHEN
CHIẾN BINH
SỰ BẤT TỬ
MÊ CUNG
HUYỀN DIỆU
CÓ CHẾT
QUÁI VẬT
SẤM
TRẢ THÙ

16 - Piante

L	Y	N	T	O	O	H	D	B	V	V	U	Y	C	G	H
L	Ớ	A	R	U	M	Ạ	Q	U	Ả	M	Ọ	N	G	U	K
A	V	N	E	U	A	T	R	Ê	U	P	A	C	N	B	P
T	N	Á	L	D	Q	Đ	F	L	O	R	A	T	Ừ	C	G
C	Y	T	P	Ê	H	Ậ	T	N	Y	R	Q	Q	R	K	V
T	L	H	Y	Q	N	U	N	G	U	Ồ	N	G	Ố	C	I
D	M	R	G	C	Ó	C	Ỏ	I	Q	B	K	R	T	X	C
O	B	R	K	V	B	T	H	Ự	C	V	Ậ	T	G	Ư	H
B	K	L	I	L	N	R	B	Y	A	A	T	D	I	Ơ	O
T	A	H	B	U	Â	P	Y	Ụ	B	P	I	H	I	N	A
L	K	G	L	Y	H	D	N	L	I	H	A	G	K	G	O
A	C	B	H	C	P	I	V	P	Q	C	H	C	M	R	H
T	H	Ự	C	V	Ậ	T	H	Ọ	C	C	Â	R	T	Ồ	H
U	V	Y	M	C	I	G	D	T	N	G	P	Y	H	N	N
Y	O	I	C	U	U	P	V	Ư	Ờ	N	G	V	Â	G	Á
N	Y	R	R	A	N	I	L	G	Y	M	U	I	L	C	C

CÂY
QUẢ MỌNG
TRE
THỰC VẬT HỌC
XƯƠNG RỒNG
BỤI CÂY
LỚN LÊN
IVY
CỎ
HẠT ĐẬU
PHÂN BÓN
HOA
FLORA
LÁ
RỪNG
VƯỜN
RÊU
CÁNH HOA
NGUỒN GỐC
THỰC VẬT

17 - Spezie

V	N	C	Y	T	K	I	C	R	Y	I	N	H	N	L	O
D	H	N	À	H	R	A	U	M	Ù	I	N	A	V	T	P
L	Ụ	G	N	Ả	C	Â	Y	H	Ồ	I	C	M	D	M	C
C	C	O	G	O	Ả	H	T	M	A	C	V	P	I	V	Q
R	Đ	K	H	Q	I	C	Ỏ	M	D	D	G	L	N	D	D
D	Ậ	Q	Ệ	U	G	I	I	M	D	P	Q	T	G	A	N
I	U	Đ	L	Ả	C	Â	Y	T	H	Ì	L	À	H	P	Q
L	K	G	Ắ	M	L	U	I	P	N	V	B	L	Ệ	G	A
R	H	M	O	N	R	U	U	V	Q	M	T	Ì	T	H	A
D	Ấ	P	Q	Ớ	G	K	I	N	G	H	I	H	Â	D	R
R	U	T	U	T	N	P	Q	N	C	C	Ê	T	Y	P	A
L	D	O	Y	C	Ừ	G	I	L	À	Q	U	O	R	V	P
O	P	L	V	Ự	G	I	Ọ	V	R	A	U	U	Q	R	H
M	L	I	R	A	H	N	U	T	I	U	U	Ế	M	C	O
U	R	O	L	G	Y	U	A	M	U	Ố	I	R	A	L	N
B	U	D	U	À	T	G	T	L	M	I	D	C	O	L	U

TỎI
ĐẮNG
CÂY HỒI
QUẾ
THẢO QUẢ
HÀNH
RAU MÙI
CÂY THÌ LÀ
NGHỆ
CÀ RI
NGỌT
THÌ LÀ
CAM THẢO
NHỤC ĐẬU KHẤU
ỚT CỰA GÀ
TIÊU
MUỐI
VANI
NGHỆ TÂY
GỪNG

18 - Numeri

O	R	T	U	T	C	V	H	Q	U	H	M	Y	D	L	H
T	O	O	P	G	O	U	L	B	I	Ơ	Ư	M	I	A	H
R	Y	Y	Y	T	T	H	K	U	L	C	Ờ	U	M	U	R
G	L	O	B	H	D	V	B	L	B	H	I	P	Ư	S	M
M	Ư	Ờ	I	T	Á	M	M	Á	T	Í	B	D	Ờ	Ố	N
R	D	Q	N	U	D	I	Ă	Ư	T	N	Ố	T	I	K	G
R	B	Y	P	U	U	R	L	M	Ờ	T	N	H	C	H	O
K	D	A	R	D	U	O	I	Ư	A	I	H	Ậ	H	Ô	Q
B	G	H	V	B	Ả	Y	Ờ	Ờ	M	Q	V	P	Í	N	B
U	K	H	D	Q	O	I	Ư	I	B	H	T	P	N	G	P
M	Ư	Ờ	I	S	Á	U	M	H	H	T	C	H	V	A	A
Q	M	H	Q	I	T	Á	D	A	B	B	I	Â	I	H	R
T	U	Y	Q	P	P	S	L	I	B	H	B	N	A	D	Q
O	K	Y	Y	H	Q	P	I	L	G	Ố	N	Ă	M	D	R
V	U	B	T	M	A	B	I	Ờ	Ư	M	N	C	O	K	L
I	C	Y	V	Q	O	I	M	Ư	Ờ	I	B	Ả	Y	C	I

NĂM
THẬP PHÂN
MƯỜI CHÍN
MƯỜI BẢY
MƯỜI TÁM
MƯỜI
MƯỜI HAI
HAI
CHÍN
TÁM

MƯỜI BỐN
BỐN
MƯỜI LĂM
MƯỜI SÁU
SÁU
BẢY
BA
MƯỜI BA
HAI MƯƠI
SỐ KHÔNG

19 - Cioccolato

Đ	Ậ	U	P	H	Ộ	N	G	I	I	M	N	H	Q	H	R
R	T	B	H	M	M	L	P	T	G	I	G	O	B	L	A
N	G	Ọ	T	L	R	B	T	D	P	R	O	M	I	R	B
L	C	V	P	U	Y	V	Ị	R	R	C	N	I	T	D	Ộ
C	G	C	K	H	Y	H	R	R	A	Q	Q	V	D	Y	T
Ô	M	A	C	U	H	D	C	V	B	O	O	H	V	M	O
N	B	R	N	L	Y	N	G	N	Ợ	Ư	L	T	Ấ	H	C
G	I	V	B	Y	M	Q	O	V	L	C	Q	H	O	C	V
T	U	U	T	B	I	R	I	V	U	I	Q	À	Y	Í	I
H	H	Ạ	C	T	U	D	Q	Đ	P	D	P	N	G	H	U
Ứ	L	L	E	M	A	R	A	C	Ắ	B	A	H	G	T	H
C	H	Ỳ	Đ	Ư	Ờ	N	G	A	T	N	Y	P	Q	U	D
O	Ẹ	K	U	U	L	O	A	C	A	C	G	H	D	Ê	C
L	I	V	P	N	D	H	Ừ	P	Q	D	K	Ầ	T	Y	K
A	N	T	I	O	X	I	D	A	N	T	Q	N	G	P	B
C	C	U	O	B	U	G	U	T	H	Ơ	M	U	L	P	Q

ĐẮNG
ANTIOXIDANT
ĐẬU PHỘNG
THƠM
CACAO
CALO
KẸO
CARAMEL
NGON
NGỌT
KỲ LẠ
VỊ
THÀNH PHẦN
DỪA
BỘT
YÊU THÍCH
CHẤT LƯỢNG
CÔNG THỨC
ĐƯỜNG

20 - Guida

N	N	P	G	I	Ấ	Y	P	H	É	P	Đ	U	Q	G	A
G	C	Ả	N	H	S	Á	T	B	N	T	M	Ư	H	D	I
U	D	Í	U	U	A	N	Q	H	Q	A	Ầ	G	Ờ	M	V
Y	N	H	I	Ê	N	L	I	Ệ	U	G	H	Y	T	N	N
H	À	K	Ồ	M	A	Y	B	T	Y	A	G	P	G	Ể	G
I	O	C	Đ	Ộ	N	G	C	Ơ	A	G	N	Y	I	Y	B
Ể	T	L	N	Đ	Y	V	O	M	G	R	Ờ	V	A	U	G
M	N	D	Ả	C	I	T	Q	Q	R	N	Ư	M	O	H	H
V	A	L	B	Ố	V	A	A	O	G	K	Đ	Y	T	C	N
C	T	X	V	T	K	I	Y	C	A	B	V	C	H	N	C
M	Ý	O	E	L	C	N	G	Q	R	U	U	Y	Ô	Ậ	U
M	U	Y	B	M	D	Ạ	D	K	A	G	G	U	N	V	C
Y	B	U	I	L	Á	N	P	O	L	P	L	Q	G	O	P
X	E	H	Ơ	I	B	Y	Đ	I	B	Ộ	B	H	O	B	D
R	X	B	H	G	N	Y	V	G	V	P	D	I	H	I	H
H	R	A	L	H	R	N	C	B	Y	Q	K	I	G	H	B

XE HƠI
XE BUÝT
NHIÊN LIỆU
PHANH
GA-RA
KHÍ
TAI NẠN
GIẤY PHÉP
BẢN ĐỒ
XE MÁY

ĐỘNG CƠ
ĐI BỘ
NGUY HIỂM
CẢNH SÁT
AN TOÀN
ĐƯỜNG
GIAO THÔNG
VẬN CHUYỂN
ĐƯỜNG HẦM
TỐC ĐỘ

21 - I Media

T	N	Q	A	M	I	C	C	U	G	Q	N	V	Q	D	H
C	H	L	V	C	D	P	Ô	Ô	C	I	Y	K	L	L	M
K	L	Á	H	H	H	G	G	N	N	L	U	M	Í	P	I
I	U	P	I	D	C	O	M	Ả	G	G	V	O	H	K	O
Y	Q	Q	R	Đ	Q	T	C	B	N	N	C	K	P	T	B
Q	O	H	U	Y	Ộ	T	U	N	Ạ	Ơ	G	Ộ	H	D	U
U	S	Ự	T	H	Ậ	T	R	Ê	M	Ư	D	H	N	Ả	C
Ả	B	A	M	M	I	B	V	I	I	H	M	Ý	I	G	O
N	Â	H	N	Á	C	C	H	H	U	P	O	K	K	Ệ	O
G	H	A	G	K	C	P	D	P	D	A	M	I	T	U	P
C	T	R	Ự	C	T	U	Y	Ế	N	Ị	Đ	Ế	R	C	A
Á	L	I	Ê	N	L	Ạ	C	N	K	Đ	À	N	Í	U	O
O	K	Ỹ	T	H	U	Ậ	T	S	Ố	L	I	B	T	A	G
Á	G	I	Á	O	D	Ụ	C	T	L	O	K	I	U	B	O
B	D	T	H	Ư	Ơ	N	G	M	Ạ	I	V	A	Ệ	Q	H
P	O	K	Y	C	P	I	R	Y	O	Q	D	N	P	R	Y

THÁI ĐỘ
THƯƠNG MẠI
LIÊN LẠC
KỸ THUẬT SỐ
PHIÊN BẢN
GIÁO DỤC
SỰ THẬT
KINH PHÍ
ẢNH
BÁO

CÁ NHÂN
CÔNG NGHIỆP
TRÍ TUỆ
ĐỊA PHƯƠNG
TRỰC TUYẾN
Ý KIẾN
QUẢNG CÁO
CÔNG CỘNG
ĐÀI
MẠNG

22 - Forza e Gravità

C	Ụ	R	T	N	M	C	Â	N	N	Ặ	N	G	T	G	U
K	Ơ	C	C	K	A	B	I	R	T	N	U	B	Ấ	N	T
M	H	K	I	M	S	H	À	N	H	T	I	N	H	D	N
L	L	U	H	N	Á	N	P	É	C	Ứ	S	D	C	G	D
I	I	G	Y	Í	T	Ă	H	Y	L	M	G	I	H	Q	T
V	I	R	U	I	M	N	Ổ	G	Y	P	H	V	N	P	H
T	Ậ	H	C	Á	C	G	N	Ả	O	H	K	T	Í	I	Ờ
G	Ố	T	Q	O	Ạ	Đ	Ỹ	U	Q	Y	H	V	T	Á	I
P	Q	C	L	O	K	Ộ	G	Q	T	Ừ	T	Í	N	H	G
H	Y	P	Đ	Ý	C	N	L	H	Đ	À	A	Y	P	P	I
H	H	Q	G	Ộ	B	G	C	I	V	C	D	L	P	M	A
C	Q	H	Q	T	R	U	N	G	T	Â	M	Q	L	Á	N
D	R	K	P	Q	N	V	I	R	R	L	N	H	D	H	Q
C	Ử	Đ	Ộ	N	G	G	R	G	Q	L	M	C	I	K	M
A	D	U	O	B	Q	A	C	L	R	O	K	R	N	H	A
M	Ở	R	Ộ	N	G	L	G	Y	H	Y	T	D	Y	Y	O

TRỤC
MA SÁT
TRUNG TÂM
NĂNG ĐỘNG
KHOẢNG CÁCH
MỞ RỘNG
VẬT LÝ
TỪ TÍNH
CƠ KHÍ
CỬ ĐỘNG
QUỸ ĐẠO
CÂN NẶNG
HÀNH TINH
SỨC ÉP
TÍNH CHẤT
KHÁM PHÁ
ĐÀ
THỜI GIAN
PHỔ
TỐC ĐỘ

23 - Caffè

X	P	O	R	H	C	Ớ	Ư	N	A	H	D	C	G	B	U
G	A	L	H	N	H	U	T	A	I	D	O	G	T	I	N
Ố	B	Y	G	B	Ấ	U	Ố	N	G	Q	R	A	N	G	Á
C	Ộ	Q	L	Y	T	N	A	I	C	B	Q	Ữ	U	N	R
U	L	T	C	H	L	C	K	A	A	H	I	S	D	Ố	N
Đ	Ọ	I	V	R	Ỏ	A	Đ	A	V	P	O	N	L	U	A
Ư	C	B	H	P	N	F	M	Ắ	A	T	Y	O	M	Ồ	C
Ờ	N	Q	D	G	G	F	M	I	N	H	G	D	M	Đ	M
N	G	C	G	D	G	E	M	Ị	V	G	N	Ơ	Ư	H	C
G	A	Q	A	I	L	I	A	Y	U	Đ	Á	P	O	I	Ố
L	L	B	Y	Y	O	N	I	H	K	E	S	A	T	K	C
T	A	C	A	C	V	E	R	A	O	N	I	T	K	C	Y
C	T	H	Ơ	M	Y	L	M	H	N	R	Ổ	G	H	R	O
L	I	M	G	D	D	D	K	B	I	L	U	L	M	H	V
K	E	M	Q	I	G	M	U	N	R	Q	B	L	T	A	L
I	L	B	C	O	I	N	N	P	G	N	O	M	M	Q	V

NƯỚC
ĐẮNG
THƠM
RANG
UỐNG
ĐỒ UỐNG
CAFFEINE
KEM
BỘ LỌC
HƯƠNG VỊ
SỮA
CHẤT LỎNG
XAY
BUỔI SÁNG
ĐEN
GỐC
GIÁ
CỐC
ĐƯỜNG

24 - Uccelli

C	Y	L	G	N	À	B	I	Ạ	Đ	C	Y	C	C	L	K
U	H	V	O	À	Y	Ê	U	K	P	L	L	H	H	Q	H
A	R	I	T	U	C	O	P	O	Q	Q	V	I	I	Q	Q
T	D	Y	M	A	G	N	N	Ê	I	H	T	M	M	O	K
O	O	U	I	S	L	G	N	Ứ	R	T	Q	B	C	N	I
U	K	Đ	N	O	Ẻ	Ỗ	A	U	G	P	Y	Ồ	Á	A	I
C	U	À	D	I	O	N	Y	G	N	L	O	C	N	O	U
A	M	Đ	Q	O	K	G	U	C	Ô	N	G	Â	H	A	N
N	R	I	C	O	N	V	Ệ	T	N	Ể	N	U	C	R	U
O	U	Ể	M	A	N	L	O	O	Ồ	I	I	C	Ụ	Q	H
U	T	U	D	I	Ệ	C	O	A	B	B	M	M	T	K	I
H	K	H	V	A	P	M	T	L	G	G	A	I	R	Q	V
C	L	T	I	M	B	Y	G	Y	G	N	L	H	R	P	N
B	O	Q	N	Y	G	Q	T	D	L	Ò	F	C	V	R	A
B	G	N	N	N	Q	G	O	I	L	M	M	I	L	Ị	D
T	V	G	C	Ò	T	G	V	B	L	N	G	T	I	C	T

DIỆC
VỊT
ĐẠI BÀNG
CÒ
THIÊN NGA
YÊU
CHIM CU
FLAMINGO
MÒNG BIỂN
NGỖNG
CON VẸT
CHIM SẺ
CÔNG
BỒ NÔNG
CHIM BỒ CÂU
CHIM CÁNH CỤT
GÀ
ĐÀ ĐIỂU
TOUCAN
TRỨNG

25 - Giorni e Mesi

H	L	R	L	K	O	K	Q	Q	U	D	R	U	C	H	G
P	Ị	B	G	V	M	T	G	A	Ư	T	G	N	Á	H	T
Ư	C	D	H	V	P	P	K	V	Y	Ộ	H	G	C	P	Y
T	H	Q	A	R	G	I	V	H	O	M	M	Ứ	B	Q	H
Ứ	H	C	H	Ủ	N	H	Ậ	T	L	G	O	G	B	M	D
H	U	Á	S	Ứ	H	T	L	M	Ă	N	Ứ	H	T	Ả	I
T	V	D	N	U	U	Á	S	G	N	Á	H	T	Y	I	Y
I	L	O	9	G	N	Á	H	T	I	H	Y	P	T	C	À
R	I	O	C	H	1	C	Q	N	B	T	T	N	K	H	G
H	A	U	N	D	G	2	C	N	V	A	G	N	R	Y	N
T	H	Á	N	G	B	Ả	Y	T	Q	D	N	Ă	M	D	U
U	Ứ	T	U	Ầ	N	N	I	A	H	G	N	Á	H	T	K
U	H	B	V	V	A	G	O	D	K	Á	D	K	V	O	P
R	T	Y	K	C	N	I	Ờ	Ư	M	G	N	Á	H	T	V
T	H	Ứ	B	A	L	U	I	N	Y	P	O	G	M	N	R
N	U	Q	Q	I	C	Q	U	Q	H	G	R	O	O	D	U

NGÀY
NĂM
THÁNG TƯ
LỊCH
THÁNG 12
CHỦ NHẬT
THÁNG HAI
THÁNG MỘT
THỨ NĂM
THÁNG SÁU
THÁNG BẢY
THỨ HAI
THỨ BA
THỨ TƯ
THÁNG
THÁNG MƯỜI
THỨ BẢY
THÁNG 9
TUẦN
THỨ SÁU

26 - Casa

M	C	A	G	T	H	À	N	G	R	À	O	H	M	O	P
D	K	P	C	R	V	R	Y	D	G	M	Y	I	U	B	H
H	O	Y	G	Ầ	C	Ò	A	B	N	T	Y	U	L	P	Ò
T	H	Ả	M	N	D	K	I	Ổ	H	C	Y	P	G	B	N
P	P	V	L	È	Ờ	V	B	H	U	P	É	X	C	Á	G
A	D	M	Ò	Đ	V	Ư	R	G	O	D	Q	K	R	T	C
M	K	I	C	I	T	Q	T	A	Q	A	R	A	G	G	I
L	R	A	M	Ở	O	G	U	L	O	Ử	S	I	R	R	K
N	Ệ	I	V	Ư	H	T	H	R	U	C	V	E	G	B	B
A	B	M	Ổ	S	A	Ử	C	M	R	L	Ư	U	N	B	G
U	B	B	D	Ò	B	C	M	T	Q	A	Ờ	H	Ơ	T	K
R	P	M	L	L	P	Q	H	R	Y	V	N	C	Ư	O	N
S	À	N	N	H	À	H	N	I	Á	M	U	O	G	C	H
T	A	R	Q	Q	Y	N	H	À	B	Ế	P	R	L	B	O
T	Y	R	D	L	U	C	C	K	H	B	A	V	B	P	L
T	I	L	U	D	C	A	Y	L	N	D	U	R	Y	Q	Q

GÁC XÉP
THƯ VIỆN
PHÒNG
LÒ SƯỞI
NHÀ BẾP
VÒI HOA SEN
CỬA SỔ
GA-RA
VƯỜN
ĐÈN
TƯỜNG
SÀN NHÀ
CỬA
HÀNG RÀO
VÒI
CHỔI
TRẦN
GƯƠNG
THẢM
MÁI NHÀ

27 - Fantascienza

N	N	H	C	K	T	T	Q	T	P	S	N	E	O	T	A
Q	Q	À	H	C	N	U	P	U	K	A	Á	L	H	Ư	K
D	Ổ	N	Ẩ	Í	B	Y	P	A	Q	R	A	C	À	Ở	Q
O	T	H	L	Ử	A	Ệ	C	L	Y	I	L	A	H	N	P
R	K	T	I	U	I	T	K	O	P	D	O	R	N	G	O
P	Ử	I	K	R	P	V	V	B	G	I	R	O	Ê	T	L
I	T	N	R	B	O	Ờ	T	H	Ự	C	T	Ế	I	Ư	T
U	N	H	C	P	T	I	T	Y	K	M	H	U	H	Ợ	V
M	Ê	I	H	O	U	G	U	I	P	T	D	P	T	N	U
D	Y	S	T	O	P	I	A	N	H	Á	I	C	V	G	K
I	U	H	N	U	A	G	Ớ	T	Ư	Ơ	N	G	L	A	I
I	G	B	R	P	G	V	Q	I	Q	G	B	H	M	P	O
T	N	L	N	G	P	G	Ệ	H	G	N	G	N	Ô	C	U
K	Ị	C	H	B	Ả	N	C	Y	C	Ế	H	Q	C	V	K
K	N	K	Ự	D	R	P	B	L	N	Q	H	Q	I	Y	P
H	P	N	I	C	Á	I	G	O	Ả	K	M	T	D	P	Y

NGUYÊN TỬ
NHÁI
DYSTOPIA
NỔ
CỰC
TUYỆT VỜI
LỬA
TƯƠNG LAI
THIÊN HÀ
ẢO GIÁC
TƯỞNG TƯỢNG
SÁCH
BÍ ẨN
THẾ GIỚI
ORACLE
HÀNH TINH
THỰC TẾ
KỊCH BẢN
CÔNG NGHỆ
UTOPIA

28 - Fattoria #1

H	B	U	C	L	N	Ó	B	N	Â	H	P	G	G	R	I
A	Ạ	K	H	B	Ư	G	À	U	U	T	H	V	N	Ạ	G
K	I	T	Ó	Ò	Ớ	U	T	T	L	B	L	T	O	P	O
T	A	H	G	Y	C	B	Ắ	P	C	H	Â	N	N	Y	È
I	Y	G	D	I	N	C	O	C	Ỏ	K	H	Ô	O	M	M
V	D	D	Y	B	Ố	H	À	M	R	P	U	G	C	D	N
Y	K	K	T	B	D	N	R	Ậ	U	B	O	I	D	O	O
V	I	Y	V	T	V	À	G	T	Ê	P	L	G	R	Y	C
T	A	D	M	N	Q	Đ	N	O	D	B	Ợ	C	G	M	P
H	T	R	R	C	G	K	À	N	N	O	N	K	G	Y	A
B	N	K	D	P	Ệ	I	H	G	N	G	N	Ô	N	R	G
C	L	H	M	H	R	L	R	N	G	Ự	A	K	M	U	V
H	A	N	I	N	U	C	K	Ờ	N	P	R	R	E	H	Y
B	N	H	O	N	B	N	C	Ư	H	Q	L	P	B	Y	T
H	B	P	Y	Q	V	K	R	R	B	M	K	V	N	C	G
R	P	C	Q	I	C	N	L	T	M	T	P	I	B	A	G

NƯỚC
NÔNG NGHIỆP
CON ONG
DONKEY
TRƯỜNG
CHÓ
DÊ
NGỰA
PHÂN BÓN
CỎ KHÔ
CON MÈO
ĐÀN
LỢN
MẬT ONG
BÒ
GÀ
HÀNG RÀO
GẠO
HẠT GIỐNG
BẮP CHÂN

29 - Psicologia

N	L	R	N	T	M	Y	T	N	Ĩ	H	H	P	H	K	C
P	I	I	K	Ế	R	V	H	P	H	I	C	D	P	C	U
V	C	Á	I	T	Ô	I	Ờ	V	G	Ậ	V	G	V	A	Ộ
Ấ	Ú	I	V	C	O	D	I	L	N	P	N	O	B	P	C
N	X	G	H	Ự	H	B	T	I	Y	K	V	T	L	B	H
Đ	M	H	N	H	D	C	H	T	U	N	N	C	H	I	Ẹ
Ề	Ả	N	À	T	G	V	Ơ	D	S	H	I	I	D	Ứ	N
C	C	Á	H	T	V	K	Ấ	Ý	T	Ư	Ở	N	G	T	C
X	Ả	Đ	C	G	Q	O	U	Ả	N	H	H	Ư	Ở	N	G
M	U	M	K	I	N	H	N	G	H	I	Ệ	M	V	C	D
B	Ệ	N	G	L	Â	M	S	À	N	G	V	I	L	Á	N
R	I	A	G	I	L	H	T	Q	I	R	H	M	R	T	A
N	L	P	P	Đ	Á	L	C	T	Y	T	Q	M	M	Í	R
D	Ị	B	Y	K	Ộ	C	Ứ	H	T	M	Ề	I	T	N	I
I	R	B	Q	V	I	T	R	N	D	R	L	T	T	H	O
O	T	Q	P	T	Y	B	Ấ	T	T	Ỉ	N	H	I	D	T

CUỘC HẸN
LÂM SÀNG
NHẬN THỨC
HÀNH VI
XUNG ĐỘT
CÁI TÔI
CẢM XÚC
KINH NGHIỆM
Ý TƯỞNG
BẤT TỈNH
THỜI THƠ ẤU
ẢNH HƯỞNG
SUY NGHĨ
CÁ TÍNH
VẤN ĐỀ
THỰC TẾ
CẢM GIÁC
TIỀM THỨC
TRỊ LIỆU
ĐÁNH GIÁ

30 - Paesaggi

C	R	N	V	R	G	I	D	O	Ả	Đ	N	Á	B	C	V
C	T	P	Y	O	N	T	U	R	C	V	Ầ	G	U	R	C
L	A	K	N	D	H	Ồ	H	D	I	Ồ	Đ	M	Ầ	Đ	N
P	C	R	B	N	K	Q	O	U	Ú	L	P	L	L	O	R
A	B	O	R	R	K	C	Ớ	Ư	N	C	Á	H	T	Ầ	M
Ố	C	Đ	Ả	O	A	A	N	B	H	G	Y	Y	V	D	Y
G	Q	G	P	T	C	U	N	U	A	Ử	L	I	Ú	N	M
Q	H	R	N	Y	M	Y	Ể	M	P	P	O	Ũ	R	A	R
U	R	G	N	Ơ	Ư	D	I	Ạ	Đ	M	H	T	N	B	B
C	V	R	M	R	S	P	B	I	G	C	K	N	U	G	O
R	I	Y	V	P	A	A	I	A	B	H	H	K	R	I	U
S	H	A	N	G	M	L	Ã	N	H	N	G	U	Y	Ê	N
L	Ô	I	D	G	Ạ	R	B	I	Ể	N	P	V	B	I	H
P	U	N	K	I	C	O	V	R	V	Ị	N	H	Y	Đ	P
D	H	O	G	K	D	S	Ô	N	G	B	Ă	N	G	Ả	N
C	Y	H	G	U	P	Q	Y	M	A	D	K	C	D	O	B

THÁC NƯỚC
ĐỒI
SA MẠC
SÔNG
SÔNG BĂNG
VỊNH
HANG
ĐẢO
HỒ
ĐẦM

BIỂN
NÚI
ỐC ĐẢO
ĐẠI DƯƠNG
ĐẦM LẦY
BÁN ĐẢO
BÃI BIỂN
LÃNH NGUYÊN
THUNG LŨNG
NÚI LỬA

31 - Energia

V	O	V	R	T	R	T	U	A	B	I	N	M	C	Đ	R
I	M	N	O	R	V	N	Ệ	V	N	Q	Ó	Ô	Ô	Ộ	D
N	H	I	Ệ	T	M	Ễ	I	H	N	Ô	H	I	N	N	C
M	Y	H	Y	Q	I	H	L	Ơ	M	C	Y	T	G	G	D
N	K	V	K	A	D	Ạ	N	I	U	O	D	R	N	C	I
Đ	I	Ệ	N	K	G	T	Ê	N	I	P	R	Ư	G	Ơ	E
V	D	U	O	T	M	N	I	Ư	E	U	O	Ờ	H	U	S
K	I	I	T	Ử	Y	H	H	Ớ	V	N	O	N	I	M	E
I	G	Q	O	N	T	Â	N	C	V	N	T	G	Ệ	L	L
Q	D	T	H	N	Á	N	O	B	R	A	C	R	P	Q	D
B	G	V	P	O	I	O	Ệ	T	Q	M	Q	B	O	G	U
K	M	K	Q	Y	T	M	U	I	I	G	H	U	D	P	M
I	C	V	L	H	Ạ	I	Y	R	Đ	D	P	G	A	R	Y
P	K	T	Q	I	O	X	Ă	N	G	K	D	L	T	P	T
Q	P	A	L	U	K	L	L	P	B	V	A	M	B	Q	C
C	N	B	K	G	N	U	K	O	C	C	V	H	H	B	M

MÔI TRƯỜNG
PIN
XĂNG
NHIỆT
CARBON
NHIÊN LIỆU
DIESEL
ĐIỆN
ĐIỆN TỬ
ENTROPY
PHOTON
HYDRO
CÔNG NGHIỆP
Ô NHIỄM
ĐỘNG CƠ
HẠT NHÂN
TÁI TẠO
TUA-BIN
HƠI NƯỚC
GIÓ

32 - Ristorante #2

B	D	L	C	I	P	H	Ụ	C	V	Ụ	N	A	M	C	H
G	C	C	Ớ	Ư	N	C	B	B	D	V	N	L	D	H	V
L	A	Á	N	I	I	M	Ữ	O	Ữ	B	V	G	Q	H	Y
Q	L	I	B	Á	N	H	A	M	Y	A	Ĩ	N	I	Á	C
Q	T	T	O	N	O	U	T	A	Â	Y	T	C	H	L	D
M	S	H	P	N	G	A	Ố	B	C	Y	U	R	U	C	O
U	Ú	Ì	D	P	N	C	I	R	I	Á	U	U	Ư	P	H
Ố	P	A	H	G	R	M	O	G	Á	G	K	B	A	A	O
I	P	Y	Y	I	D	V	N	K	R	D	K	O	I	M	B
Đ	Ồ	U	Ố	N	G	U	U	O	T	P	L	V	H	Q	S
P	C	A	D	C	R	D	G	N	Ứ	R	T	Y	V	G	A
G	B	R	K	R	N	M	Ó	N	K	H	A	I	V	Ị	L
P	R	K	A	R	H	O	U	Y	Ă	D	H	L	U	V	A
B	T	L	H	G	O	Y	G	H	Ế	B	H	L	B	A	D
I	G	R	V	N	C	A	D	P	C	M	L	L	M	I	P
G	Q	Y	M	M	Q	G	D	G	G	K	U	N	K	G	I

NƯỚC
MÓN KHAI VỊ
ĐỒ UỐNG
PHỤC VỤ NAM
BỮA TỐI
CÁI THÌA
NGON
CÁI NĨA
TRÁI CÂY
BĂNG
SALAD
SÚP
CÁ
BỮA TRƯA
MUỐI
GHẾ
GIA VỊ
BÁNH
TRỨNG
RAU

33 - Moda

L	G	D	L	V	T	Ắ	Đ	D	N	P	K	Q	C	H	C
L	B	R	D	P	O	G	Ơ	I	D	D	Ế	T	G	I	T
R	U	A	C	H	O	Á	N	Ầ	U	Q	T	P	R	Ệ	H
N	Y	C	N	O	M	Q	G	Ả	L	B	C	L	T	N	O
N	I	Q	T	N	H	T	I	V	I	G	Ấ	A	B	Đ	Ả
D	D	T	Q	G	Q	Y	Ả	Y	Ả	G	U	R	P	Ạ	I
C	G	A	M	C	Y	D	N	K	V	L	I	H	H	I	M
T	Ử	C	D	Á	B	N	O	H	R	O	C	Ố	Ế	C	Á
A	Q	A	G	C	G	Ú	Q	I	V	I	X	T	T	T	I
R	E	N	H	H	L	T	R	Ê	D	C	U	I	C	N	I
H	G	A	I	À	C	P	U	M	G	I	H	N	Ự	Q	T
H	C	Ị	L	H	N	A	H	T	I	Y	Ư	H	H	O	Q
L	R	H	B	B	T	G	Y	Ố	N	V	Ớ	V	T	C	G
P	D	T	M	C	C	B	Q	N	P	B	N	I	G	Ố	C
I	C	Q	A	Ẫ	I	D	U	U	G	T	G	K	L	M	T
Q	H	B	V	I	U	Ê	H	T	Ề	H	G	N	M	O	O

QUẦN ÁO
CỬA HÀNG
ĐẮT
THOẢI MÁI
THANH LỊCH
TỐI GIẢN
MẪU
HIỆN ĐẠI
KHIÊM TỐN
GỐC
REN
THỰC TẾ
NÚT
NGHỀ THÊU
ĐƠN GIẢN
TINH VI
PHONG CÁCH
XU HƯỚNG
VẢI
KẾT CẤU

34 - L'Azienda

Y	C	N	L	A	P	O	D	G	U	Ộ	K	C	K	Q	C
C	Ô	N	G	N	G	H	I	Ệ	P	B	P	U	R	H	H
T	R	Ì	N	H	B	À	Y	S	Ả	N	P	H	Ẩ	M	Ấ
Q	N	R	I	U	B	R	P	Q	G	Ế	D	U	Đ	À	T
X	U	D	G	N	Ơ	Ư	L	N	Ề	I	T	Q	Ơ	L	L
S	U	Y	K	N	D	O	A	N	H	T	H	U	N	C	Ư
T	Á	H	Ế	T	O	À	N	C	Ầ	U	A	A	V	Ệ	Ợ
U	T	N	Ư	T	U	Ầ	Đ	L	K	O	N	U	Ị	I	N
P	H	Ê	G	Ớ	Đ	A	G	V	V	G	O	K	H	V	G
A	D	Y	M	T	N	Ị	D	A	N	H	T	I	Ế	N	G
V	A	U	D	A	Ạ	G	N	Ă	N	Ả	H	K	L	C	G
I	U	G	H	O	M	O	T	H	O	H	G	R	L	C	G
Q	A	N	C	H	U	Y	Ê	N	N	G	H	I	Ệ	P	R
O	R	I	Ủ	R	O	B	V	N	C	B	K	K	R	R	I
G	B	À	R	A	A	A	Y	T	M	H	D	P	I	K	G
A	O	T	M	K	K	M	D	R	L	O	H	T	Q	D	H

SÁNG TẠO
QUYẾT ĐỊNH
TOÀN CẦU
CÔNG NGHIỆP
ĐẦU TƯ
VIỆC LÀM
KHẢ NĂNG
TRÌNH BÀY
SẢN PHẨM
CHUYÊN NGHIỆP
TIẾN BỘ
CHẤT LƯỢNG
DOANH THU
DANH TIẾNG
RỦI RO
TÀI NGUYÊN
TIỀN LƯƠNG
XU HƯỚNG
ĐƠN VỊ

35 - Giardino

D	K	B	N	H	C	V	Ư	Ờ	N	G	N	C	L	I	U
C	Q	Ă	O	P	K	N	A	K	H	M	D	À	N	T	A
M	L	N	P	Q	A	G	T	Q	Q	À	U	O	A	Đ	D
Y	H	G	H	Y	B	Ụ	I	C	Â	Y	N	I	H	Á	U
O	R	G	K	K	C	N	I	D	R	M	Ê	G	D	B	C
P	R	H	V	B	P	M	I	C	M	R	I	N	R	C	Â
U	M	Ế	I	C	Y	I	T	Y	O	C	H	Ợ	G	À	Y
O	D	C	A	R	L	K	O	P	A	G	G	Ư	L	R	O
M	M	N	U	Q	D	G	L	O	Y	T	G	H	P	Y	K
T	Ấ	M	B	Ạ	T	C	G	I	B	R	A	T	L	C	P
R	Đ	V	Ò	I	O	Q	A	D	V	G	R	N	U	K	M
O	D	Ấ	P	V	W	T	Q	M	O	Õ	A	Â	U	H	R
L	C	Ỏ	T	M	E	L	U	D	H	A	N	S	V	M	K
P	Q	T	I	Y	E	T	U	N	Q	Q	T	G	N	Ẻ	X
U	V	H	O	H	D	H	O	A	P	T	C	O	V	H	A
L	P	N	H	R	S	I	O	D	I	Q	N	A	G	T	A

CÂY
VÕNG
BỤI CÂY
CỎ
WEEDS
HOA
THẺ
GA-RA
VƯỜN
XẺNG

BĂNG GHẾ
HIÊN
CÀO
HÀNG RÀO
ĐÁ
AO
ĐẤT
SÂN THƯỢNG
TẤM BẠT
VÒI

36 - Riscaldamento Globale

M	B	N	L	D	R	Q	M	R	Q	Q	C	N	K	O	D
T	Q	I	A	A	R	N	K	H	U	Y	Á	Í	H	K	Ữ
N	T	Ộ	Đ	T	Ệ	I	H	N	Ố	U	C	H	Ủ	V	L
A	T	L	C	M	C	C	Í	Q	C	Y	T	C	N	U	I
U	L	Y	L	R	N	V	H	R	T	Q	H	Ô	G	N	Ệ
N	R	Y	Y	L	I	N	Ậ	C	Ế	O	Ế	N	H	Ă	U
G	D	K	T	Ả	U	Q	U	Ậ	H	U	H	G	O	N	C
N	H	À	K	H	O	A	H	Ọ	C	Ú	Ệ	N	Ả	G	H
Ờ	I	G	Y	Â	B	L	V	N	U	P	Ý	G	N	L	Í
Ư	L	O	L	Y	D	T	O	Y	G	N	K	H	G	Ư	N
R	D	Â	N	Ể	I	R	T	T	Á	H	P	I	U	Ợ	H
T	P	H	Á	P	L	U	Ậ	T	V	B	V	Ệ	D	N	P
I	T	Ư	Ơ	N	G	L	A	I	U	P	G	P	Y	G	H
Ô	N	H	A	N	N	U	K	A	Q	Y	H	D	O	U	Ủ
M	U	K	D	O	R	G	P	H	R	B	Ắ	C	C	Ự	C
C	B	U	N	D	K	A	T	B	Y	L	B	L	G	K	B

MÔI TRƯỜNG
BẮC CỰC
CHÚ Ý
KHÍ HẬU
HẬU QUẢ
KHỦNG HOẢNG
DỮ LIỆU
NĂNG LƯỢNG
TƯƠNG LAI
KHÍ
CÁC THẾ HỆ
CHÍNH PHỦ
CÔNG NGHIỆP
QUỐC TẾ
PHÁP LUẬT
BÂY GIỜ
DÂN
NHÀ KHOA HỌC
PHÁT TRIỂN
NHIỆT ĐỘ

37 - Frutta

Q	Q	U	Ả	A	N	H	Đ	À	O	Q	B	G	A	M	Q
I	U	M	C	C	M	C	U	T	Á	U	O	G	C	Â	K
Q	D	Ả	B	K	Q	O	A	P	T	Ả	G	T	L	M	O
L	Q	P	K	Q	P	D	Q	M	B	M	B	I	L	X	N
Y	L	D	Q	I	M	Ư	Q	N	L	Ọ	B	U	I	Ô	C
Y	Q	Ứ	I	R	W	A	Y	R	N	N	Ậ	M	B	I	N
A	C	A	Q	L	C	I	R	B	Ủ	G	C	Ê	L	I	H
R	H	C	Â	Y	X	U	Â	N	Đ	À	O	B	A	N	O
M	A	K	I	Ố	U	H	C	P	U	P	D	P	C	H	K
V	N	T	Đ	À	O	B	V	I	Đ	O	V	M	K	O	Y
K	H	I	O	M	O	U	Ơ	M	Ả	U	Q	V	B	L	U
V	G	C	O	K	D	X	B	Y	U	N	Q	I	E	H	N
U	M	R	D	O	T	R	I	N	N	A	M	N	R	U	P
G	T	H	Y	G	N	N	Á	Á	G	A	G	U	R	V	Y
L	Y	Y	L	Y	O	B	R	Q	R	T	L	U	Y	I	I
C	R	R	I	Y	P	Q	T	Y	B	T	R	N	H	N	P

QUẢ MƠ
DỨA
CAM
TRÁI BƠ
QUẢ MỌNG
CHUỐI
QUẢ ANH ĐÀO
QUẢ KIWI
MÂM XÔI
CHANH
TRÁI XOÀI
TÁO
DƯA
BLACKBERRY
CÂY XUÂN ĐÀO
ĐU ĐỦ
LÊ
ĐÀO
MẬN
NHO

38 - Fattoria #2

Y	D	G	D	A	Đ	R	L	T	N	M	T	L	C	A	L
M	Á	Y	K	É	O	Ồ	Q	H	Í	G	N	O	Ổ	T	I
L	V	Â	A	A	P	C	N	Ẻ	H	I	Ỗ	Y	Y	Y	T
U	Ừ	C	L	Ú	A	M	Ì	G	C	I	Q	N	M	N	H
L	Ó	I	G	Y	A	X	I	Ố	C	M	V	A	G	Ô	Ứ
Ú	G	Á	N	T	Ữ	Y	R	T	H	Ỏ	G	N	K	N	C
A	D	R	O	V	S	G	O	Ị	H	D	T	M	O	G	Ă
M	B	T	N	I	C	A	Ự	V	O	Ủ	T	K	A	D	N
Ạ	C	P	R	I	M	Q	U	P	H	L	Y	U	O	Â	H
C	Đ	Ộ	N	G	V	Ậ	T	L	M	V	M	L	T	N	N
H	A	B	A	T	C	V	G	L	I	M	Q	O	Ợ	H	I
V	B	R	D	O	I	T	O	R	O	T	V	C	H	I	O
P	A	Q	Q	Y	L	O	K	B	T	A	O	N	M	T	K
O	U	K	V	I	Y	Y	P	G	B	O	B	G	M	D	H
L	M	N	U	V	K	Q	T	O	D	K	G	Ô	B	L	G
M	R	A	U	D	Q	P	Q	V	O	L	V	T	Y	Q	B

NÔNG DÂN
TỔ ONG
VỊT
ĐỘNG VẬT
THỨC ĂN
VỰA
TRÁI CÂY
THẺ
LÚA MÌ
THỦY LỢI
SỮA
NGÔ
CHÍN
CỐI XAY GIÓ
NGỖNG
LÚA MẠCH
CỪU
ĐỒNG CỎ
MÁY KÉO
RAU

39 - Verdure

N	Ấ	M	G	C	O	N	P	T	M	M	A	H	U	L	A
A	T	I	S	Ô	À	H	Q	A	Ù	Í	Q	N	R	B	B
C	I	R	V	A	R	R	T	B	I	Ở	T	U	G	T	M
Ẹ	D	A	L	A	S	I	Ố	D	T	H	H	À	O	O	P
H	À	N	H	R	R	Q	I	T	Â	L	Q	H	C	O	C
Ủ	Q	I	L	N	O	Y	K	Ộ	Y	Â	T	N	Ầ	C	G
C	U	B	P	A	Y	V	A	U	I	L	Ô	A	Đ	K	Ừ
M	Ả	U	K	K	H	L	C	H	A	I	M	X	Ậ	R	N
G	B	A	U	H	C	À	C	C	Y	A	Y	I	U	T	G
K	Í	R	C	C	O	C	Q	A	B	L	D	Ả	T	I	K
K	N	C	V	I	L	A	P	Ư	I	N	U	C	B	R	R
D	G	B	V	G	V	B	I	D	O	D	R	G	T	A	H
V	Ô	K	L	V	O	P	V	T	M	U	T	N	D	K	A
C	Ủ	C	Ả	I	P	D	R	K	Â	V	R	Ô	R	O	Y
U	U	M	K	H	H	O	B	T	M	Y	K	B	V	P	T
N	A	T	L	O	O	A	V	Q	T	I	D	Y	B	G	D

TỎI
BÔNG CẢI XANH
ATISÔ
CÀ RỐT
DƯA CHUỘT
HÀNH
NẤM
SALAD
CÀ TÍM
Ô LIU
KHOAI TÂY
ĐẬU
CÀ CHUA
MÙI TÂY
CỦ CẢI
CỦ HẸ
CẦN TÂY
RAU BINA
GỪNG
QUẢ BÍ NGÔ

40 - Musica

O	N	C	P	G	D	Y	O	M	A	D	A	B	B	G	H
T	P	Ị	H	N	Ể	I	Đ	Ổ	C	H	L	C	B	M	Ò
M	K	E	G	Q	G	K	V	K	Q	A	B	A	I	G	A
U	P	Y	R	B	Ụ	C	G	N	Ụ	D	U	H	K	I	H
T	Á	H	Y	A	I	P	L	I	K	D	M	C	B	Ọ	Ợ
R	H	T	U	C	R	G	O	C	A	C	M	L	U	N	P
N	G	Ơ	T	I	Ế	N	Đ	Ộ	H	I	R	L	G	G	Đ
Y	H	C	K	M	N	À	A	A	U	O	Đ	K	R	H	I
C	I	Ĩ	S	C	Ạ	H	N	K	L	H	I	I	B	Á	Ệ
B	Â	S	U	O	I	N	Q	B	I	D	N	C	Ệ	T	P
A	M	A	U	G	T	P	T	R	Ữ	T	Ì	N	H	U	K
L	P	C	I	U	A	Ị	V	B	N	C	Q	K	V	M	H
L	H	N	P	B	Q	H	D	L	L	T	I	K	M	N	Ú
A	C	G	P	D	T	N	Y	G	U	R	G	O	A	K	C
D	P	Q	A	T	B	H	K	T	Q	U	U	H	G	K	Y
M	I	C	R	O	P	H	O	N	E	Â	M	N	H	Ạ	C

ALBUM
HÒA HỢP
BALLAD
CA SĨ
HÁT
CỔ ĐIỂN
ĐIỆP KHÚC
TRỮ TÌNH
GIAI ĐIỆU
MICROPHONE
ÂM NHẠC
NHẠC SĨ
OPERA
THƠ
GHI ÂM
NHỊP NHÀNG
NHỊP
DỤNG CỤ
TIẾN ĐỘ
GIỌNG HÁT

41 - Barbecue

Y	S	R	R	M	P	Y	Q	R	D	P	V	N	G	I	Đ
B	A	L	T	V	R	R	U	M	R	T	I	Ê	U	L	Ó
Ữ	L	N	P	R	M	A	U	N	U	Ố	P	R	B	M	I
A	A	I	O	O	Ò	V	O	C	R	X	V	P	M	Y	B
T	D	R	I	R	A	C	Q	O	K	C	V	C	N	C	G
R	S	N	Ư	Ớ	N	G	H	Â	U	Ớ	H	O	D	R	D
Ư	C	À	C	H	U	A	N	Ơ	M	Ư	A	Y	I	A	Y
A	A	G	A	R	V	Q	Ì	C	I	N	È	T	N	D	O
L	Ờ	I	M	Ờ	I	K	Đ	C	Ố	Ă	H	C	N	Y	M
H	À	N	H	T	R	U	A	D	T	C	A	Ạ	Y	O	O
C	D	P	O	H	G	H	I	A	A	Ứ	Ù	H	C	I	N
T	R	Á	I	C	Â	Y	G	K	Ữ	H	M	D	V	L	Ó
H	G	Q	D	R	I	K	L	H	B	T	Y	M	T	B	N
G	R	G	N	U	A	D	K	V	B	Y	C	Y	T	Q	G
I	A	A	R	C	L	T	T	V	Q	K	V	U	V	D	Y
B	Y	K	D	R	D	C	Y	Y	M	U	Ố	I	A	N	R

NÓNG
BỮA TỐI
THỨC ĂN
HÀNH
DAO
MÙA HÈ
ĐÓI
GIA ĐÌNH
TRÁI CÂY
TRÒ CHƠI
NƯỚNG
SALADS
LỜI MỜI
ÂM NHẠC
TIÊU
GÀ
CÀ CHUA
BỮA TRƯA
MUỐI
NƯỚC XỐT

42 - Insetti

H	G	R	G	L	B	B	M	B	C	P	N	T	U	O	M
A	R	G	B	O	Ọ	Ọ	N	R	O	Ệ	C	Q	Q	U	Y
T	O	Q	I	P	C	C	T	E	N	R	O	H	B	H	M
B	T	Q	O	K	H	Á	C	G	O	Ế	I	O	Y	T	A
L	Ư	S	Â	U	É	N	O	C	N	Á	I	G	K	B	R
N	K	Ớ	G	C	T	H	N	R	G	B	O	K	C	C	H
B	I	T	M	H	U	C	V	M	U	G	C	R	U	D	N
A	C	D	K	Â	O	Ứ	E	L	B	B	Ọ	N	G	Ự	A
O	I	N	T	U	N	N	S	M	Y	C	G	I	R	B	A
Q	L	M	C	C	G	G	Ầ	C	D	P	À	L	O	D	M
D	C	K	V	H	P	U	U	C	A	D	B	O	U	U	U
P	D	B	B	Ấ	L	V	T	N	L	L	K	H	C	D	Ỗ
P	K	C	L	U	Ấ	U	T	R	Ù	N	G	O	G	À	I
I	C	T	N	Q	D	M	U	P	C	V	H	I	B	A	O
T	Y	M	Ố	I	N	Y	V	L	B	B	K	R	C	B	U
B	Ư	Ớ	M	Đ	Ê	M	L	O	U	P	G	U	G	G	R

RỆP
CON ONG
HORNET
CHÂU CHẤU
CON VE SẦU
LADYBUG
BỌ CÁNH CỨNG
BƯỚM ĐÊM
BƯỚM
KIẾN
ẤU TRÙNG
CÀO CÀO
BỌ NGỰA
BỌ CHÉT
GIÁN
MỐI
SÂU
ONG
MUỖI

43 - Fisica

M	Ở	R	Ộ	N	G	N	L	P	K	N	H	Q	V	N	U
Đ	I	Ệ	N	T	Ử	R	Q	V	G	L	O	N	Ậ	V	K
V	H	M	Ạ	Q	B	V	Y	C	T	N	L	L	N	A	P
Y	U	P	O	L	P	C	Q	Q	Ấ	Ầ	R	M	T	N	L
P	C	Ự	L	G	N	Ọ	R	T	H	V	N	L	Ố	N	N
I	O	U	N	A	Y	R	L	A	C	N	Y	S	C	C	G
U	Y	P	Ỗ	C	U	D	U	H	A	O	M	Q	Ố	N	U
Y	L	C	H	N	Í	T	Ừ	T	Ó	U	N	B	N	M	Y
A	Í	Q	Ố	C	O	B	C	Ứ	H	T	G	N	Ô	C	Ê
P	H	Â	N	T	Ử	B	V	T	H	Y	U	P	H	K	N
Y	K	Q	Â	R	A	H	I	K	H	V	P	C	U	U	T
A	Ơ	K	H	P	Ộ	I	V	Ế	T	H	M	N	Q	L	Ử
Ơ	C	G	N	Ộ	Đ	A	G	T	N	Ạ	M	C	A	N	B
I	D	L	T	K	T	N	M	K	G	T	Y	Ổ	C	U	L
L	U	I	Ạ	K	Ậ	R	B	C	G	B	K	H	Í	K	Y
V	M	P	H	R	M	L	A	L	O	N	M	P	M	N	T

GIA TỐC
NGUYÊN TỬ
HỖN LOẠN
HÓA CHẤT
MẬT ĐỘ
ĐIỆN TỬ
MỞ RỘNG
CÔNG THỨC
TẦN SỐ
KHÍ
TRỌNG LỰC
TỪ TÍNH
CƠ KHÍ
PHÂN TỬ
ĐỘNG CƠ
HẠT NHÂN
HẠT
PHỔ
BIẾN
VẬN TỐC

44 - Agronomia

H	Ạ	T	G	I	Ố	N	G	R	N	G	D	A	V	N	T
A	N	Ấ	M	T	Q	B	Y	I	Ă	L	N	I	T	U	H
T	Y	Đ	T	P	I	Q	T	K	N	B	C	C	L	O	Ứ
Ấ	K	K	U	I	G	V	P	I	G	M	T	P	U	L	C
U	H	V	R	H	M	U	H	C	L	O	H	P	O	U	Ă
X	Ó	I	M	Ò	N	G	N	Ờ	Ư	R	T	I	Ô	M	N
N	D	Á	A	B	T	Ó	Ệ	K	Ợ	Ơ	U	Ô	N	P	H
Ả	L	H	N	Ư	Ớ	C	B	O	N	C	I	N	G	N	Ệ
S	G	T	M	Q	I	C	V	N	G	U	V	H	H	Ô	T
L	N	H	A	C	C	Ọ	A	Y	Â	Ữ	K	I	I	N	H
N	Ô	N	G	N	G	H	I	Ệ	P	H	O	Ễ	Ê	G	Ố
B	Y	I	D	R	Q	A	K	V	I	Y	P	M	N	T	N
I	D	S	T	M	A	O	U	H	P	U	U	R	C	H	G
H	H	P	Q	L	R	H	A	O	A	H	Ọ	C	Ứ	Ô	G
Y	P	N	H	A	L	K	T	G	O	Q	L	P	U	N	H
S	Ự	P	H	Á	T	T	R	I	Ể	N	Q	A	I	M	M

NƯỚC
NÔNG NGHIỆP
MÔI TRƯỜNG
THỨC ĂN
SỰ PHÁT TRIỂN
SINH THÁI
NĂNG LƯỢNG
XÓI MÒN
PHÂN BÓN
Ô NHIỄM
BỆNH
HỮU CƠ
SẢN XUẤT
NGHIÊN CỨU
NÔNG THÔN
KHOA HỌC
HẠT GIỐNG
HỆ THỐNG
HỌC
ĐẤT

45 - Erboristeria

T	H	À	N	H	P	H	Ầ	N	V	I	T	T	L	H	M
R	Ẩ	H	N	N	G	H	Q	H	T	Ư	T	Ỏ	Á	O	Ù
V	M	C	R	A	U	T	H	Ì	L	À	Ờ	I	K	A	I
U	T	Ạ	K	X	O	T	L	U	L	L	I	N	I	O	T
V	H	B	R	C	Q	L	C	A	V	Ì	Y	P	N	Ả	Â
G	Ự	O	D	G	I	Ấ	M	X	V	H	G	O	H	I	Y
G	C	H	R	C	H	I	B	Y	Ạ	T	N	A	G	H	R
O	L	B	H	O	O	L	H	D	A	H	Ợ	U	I	Ư	A
B	Y	H	N	T	A	B	Y	R	R	H	Ư	N	Ớ	Ơ	M
Y	O	O	P	H	Ú	N	G	Q	U	Ế	L	Ơ	I	N	E
Q	I	R	A	T	C	G	G	B	B	U	T	G	N	G	S
M	Q	G	E	T	H	Ơ	M	D	Q	Y	Ấ	T	I	G	O
K	H	B	H	G	O	P	Y	Â	T	Ệ	H	G	N	L	R
R	H	M	P	L	A	N	U	A	O	L	C	P	P	I	V
M	Q	N	I	Y	A	N	B	L	L	I	T	H	I	V	A
G	R	B	C	L	A	N	O	R	P	Y	O	D	T	T	O

TỎI
RAU THÌ LÀ
THƠM
HÚNG QUẾ
ẨM THỰC
GIẤM
THÌ LÀ
HOA
VƯỜN
THÀNH PHẦN
HOA OẢI HƯƠNG
LÁ KINH GIỚI
BẠC HÀ
OREGANO
MÙI TÂY
CHẤT LƯỢNG
ROSEMARY
XẠ HƯƠNG
XANH
NGHỆ TÂY

46 - Danza

V	L	R	U	D	L	U	M	D	M	I	H	L	Q	T	O
Q	U	Đ	Ố	I	T	Á	C	D	C	P	K	B	B	B	T
N	Ể	I	Đ	Ổ	C	O	L	R	B	A	Y	Ả	H	N	O
O	U	P	V	C	Ả	M	X	Ú	C	Ạ	H	N	M	Â	N
À	A	H	Q	Ẻ	V	D	U	T	P	P	P	Â	T	K	H
R	P	H	H	R	H	Ă	M	Ậ	N	K	A	T	R	Q	!
T	V	Ă	N	H	Ó	A	N	U	Y	U	R	K	U	A	P
G	Ư	A	Y	B	R	L	Ệ	H	H	N	G	L	Y	Q	G
N	P	T	T	P	Q	T	I	T	O	M	O	I	Ề	Y	I
O	R	L	H	B	B	C	V	Ệ	T	Á	E	D	N	I	P
H	U	A	N	Ế	H	R	C	H	Q	N	R	H	T	O	N
P	G	P	C	G	H	D	Ọ	G	K	P	O	I	H	N	M
C	Ơ	T	H	Ể	A	U	H	N	H	T	H	T	Ố	N	T
T	R	Ự	C	Q	U	A	N	G	R	G	C	P	N	U	M
T	N	O	P	D	Y	D	T	C	G	L	U	T	G	R	L
Q	A	G	C	C	U	B	G	N	P	G	D	O	D	L	Q

HỌC VIỆN
NGHỆ THUẬT
CỔ ĐIỂN
ĐỐI TÁC
CHOREOGRAPHY
CƠ THỂ
VĂN HOÁ
VĂN HÓA
CẢM XÚC
VUI VẺ
ÂN
PHONG TRÀO
ÂM NHẠC
TƯ THẾ
NHỊP
NHẢY
TRUYỀN THỐNG
TRỰC QUAN

47 - Biologia

N	Đ	U	Y	B	Q	Y	Â	C	I	C	U	T	P	P	H
Ê	H	Ộ	U	L	T	I	T	Ộ	V	R	I	B	R	Q	O
I	P	I	T	Á	S	Ò	B	N	O	K	R	D	O	U	R
H	H	Q	Ễ	B	I	O	I	G	O	À	B	Ế	T	A	M
N	Ô	N	H	M	I	R	L	S	Q	Y	H	G	E	N	O
Ự	I	R	T	B	S	Ế	V	I	H	M	U	V	I	G	N
T	L	Y	K	B	K	Ắ	N	N	N	T	R	B	N	H	E
O	D	C	M	A	Q	C	C	H	P	H	T	U	E	Ợ	M
T	H	Ẩ	M	T	H	Ấ	U	T	D	N	U	B	G	P	Y
O	N	V	N	B	I	B	A	L	H	B	Q	A	A	T	Z
H	I	Y	I	R	Q	Q	P	Q	Y	Ể	P	H	L	N	N
B	K	P	V	K	T	I	Ế	N	H	Ó	A	Ô	L	N	E
I	N	D	H	G	H	H	P	I	M	A	V	H	O	C	I
B	Ầ	B	Y	I	H	U	M	U	B	Y	R	Ấ	C	K	H
N	H	L	D	G	L	U	Ẩ	R	C	T	C	P	G	O	V
K	T	Q	Y	L	B	O	D	N	L	K	N	G	H	I	T

VI KHUẨN
TẾ BÀO
COLLAGEN
NHIỄM SẮC THỂ
PHÔI
ENZYME
TIẾN HÓA
QUANG HỢP
ĐỘT BIẾN
TỰ NHIÊN
THẦN KINH
HORMONE
THẨM THẤU
CÂY
PROTEIN
HÔ HẤP
BÒ SÁT
CỘNG SINH

48 - Attività Commerciale

N	K	Q	A	C	Q	Y	Ư	Y	B	N	Q	R	O	G	P
H	Y	I	U	L	U	N	T	H	U	N	H	Ậ	P	I	G
Â	Y	M	N	G	T	M	U	T	D	R	P	U	I	A	P
N	H	G	T	H	I	A	Ầ	I	V	L	U	K	I	O	T
V	C	À	V	Y	T	Ả	Đ	Ề	Q	I	C	T	P	D	U
I	H	Q	N	T	M	Ế	M	N	M	M	C	Y	L	Ị	Ệ
Ê	Ủ	K	Ậ	G	G	K	Ệ	G	T	L	O	Y	O	C	T
N	N	V	U	N	H	M	I	K	I	Y	Á	M	À	H	N
P	H	Ă	H	Ô	Q	Ó	T	P	U	Á	I	N	M	C	Ề
H	Â	N	N	C	G	R	A	U	C	I	O	Q	I	Á	I
N	N	P	I	I	U	G	Ử	O	U	C	I	M	M	S	T
N	R	H	Ợ	P	M	G	C	K	V	Y	R	T	H	N	Q
K	T	Ò	L	Q	C	O	K	O	G	D	I	T	N	Â	P
K	K	N	T	C	H	I	P	H	Í	R	C	B	R	G	B
G	T	G	H	Y	P	Ệ	I	H	G	N	Ề	H	G	N	Á
T	À	I	C	H	Í	N	H	N	P	N	H	L	U	L	N

NGÂN SÁCH
NGHỀ NGHIỆP
CHI PHÍ
CHỦ NHÂN
NHÂN VIÊN
KINH TẾ
NHÀ MÁY
TÀI CHÍNH
ĐẦU TƯ
HÀNG HÓA
CỬA TIỆM
LỢI NHUẬN
THU NHẬP
GIẢM GIÁ
CÔNG TY
TIỀN
GIAO DỊCH
VĂN PHÒNG
TIỀN TỆ
BÁN

49 - Fiori

V	B	P	P	L	U	M	E	R	I	A	Y	G	G	P	R
A	O	V	O	H	L	D	H	R	D	C	C	N	T	H	C
H	I	G	R	P	R	H	O	G	T	V	Ỏ	Ơ	O	O	Q
N	Ư	Y	R	I	P	R	Y	L	B	I	B	Ư	C	N	A
A	M	Ớ	R	R	G	Y	S	I	A	D	A	H	T	G	T
G	G	A	N	D	Â	M	B	Ụ	T	P	L	H	K	L	Y
N	O	O	G	G	Q	H	A	T	G	H	Á	N	L	A	J
Ô	U	H	N	N	D	G	A	R	D	E	N	I	A	N	A
C	V	Ó	Ồ	È	O	Ư	L	T	A	B	Ơ	Đ	O	Ê	S
Ồ	T	B	H	K	B	L	Ơ	L	N	R	Đ	Ử	H	Y	M
B	T	D	A	A	O	A	I	N	A	K	U	T	H	U	I
O	A	T	O	O	G	P	P	A	G	M	Ẫ	V	N	H	N
L	Q	Q	H	L	P	V	C	T	Y	Q	M	T	Á	K	E
P	V	L	V	A	L	T	R	K	H	K	A	R	C	I	N
H	T	N	C	O	O	I	P	I	B	B	O	C	U	Ờ	T
G	N	Ơ	Ư	H	I	Ả	O	A	O	H	H	D	T	L	A

BỒ CÔNG ANH
GARDENIA
JASMINE
HOA LOA KÈN
HƯỚNG DƯƠNG
DÂM BỤT
HOA OẢI HƯƠNG
TỬ ĐINH HƯƠNG
MAGNOLIA
DAISY

BÓ HOA
PHONG LAN
POPPY
HOA MẪU ĐƠN
CÁNH HOA
PLUMERIA
HOA HỒNG
CỎ BA LÁ
LỜI KHUYÊN

50 - Filantropia

B	O	L	T	R	U	N	G	T	H	Ự	C	V	T	C	N
M	M	Ị	U	N	P	Y	O	Q	U	Ỹ	M	R	À	Ô	H
P	N	C	V	U	P	G	D	T	H	Ế	H	Ệ	I	N	I
O	Ê	H	C	I	C	G	N	Ồ	Đ	G	N	Ộ	C	G	Ệ
D	I	S	Y	V	Q	I	U	M	C	N	Q	U	H	C	M
C	N	Ử	B	N	G	Ư	Ờ	I	M	B	C	G	Í	Ộ	V
O	H	M	Ụ	C	T	I	Ê	U	C	R	N	Q	N	N	Ụ
G	N	Ư	H	Ạ	V	Q	Q	Ầ	V	N	U	K	H	G	U
T	A	K	Ơ	L	I	C	L	C	D	M	T	V	K	L	P
R	H	P	N	N	G	P	M	N	V	H	C	B	D	P	G
C	T	U	Y	Ê	G	Q	E	À	Q	I	Ầ	Q	N	D	B
I	I	N	P	I	R	T	Ẻ	O	V	I	N	B	N	D	B
M	M	L	B	L	A	D	R	T	T	D	V	K	A	D	G
C	N	N	H	Ó	M	D	T	Ì	D	Ặ	D	M	L	L	M
Y	N	T	Ừ	T	H	I	Ệ	N	N	Y	N	I	Q	M	I
Q	U	Q	V	I	Ạ	O	L	N	Â	H	N	G	O	U	Q

TRẺ EM
CẦN
TỪ THIỆN
CỘNG ĐỒNG
LIÊN LẠC
TẶNG
TÀI CHÍNH
QUỸ
THẾ HỆ
THANH NIÊN
TOÀN CẦU
NHÓM
NHIỆM VỤ
MỤC TIÊU
TRUNG THỰC
NGƯỜI
CHƯƠNG TRÌNH
CÔNG CỘNG
LỊCH SỬ
NHÂN LOẠI

51 - Ecologia

M	Đ	T	V	O	L	V	L	P	T	P	V	P	C	V	H
Đ	Ộ	B	I	Ể	N	B	G	L	H	C	C	N	C	B	D
A	N	K	B	Q	R	V	I	A	I	Ú	N	I	N	U	V
D	G	A	H	R	K	C	P	M	Ê	G	O	Y	A	H	T
Ạ	V	V	H	Í	N	Ò	C	G	N	Ố	S	Ự	S	M	V
N	Ậ	G	V	R	H	P	C	G	N	Ồ	Đ	G	N	Ộ	C
G	T	A	L	M	M	Ậ	P	O	H	G	N	H	G	O	I
N	Á	H	N	Ạ	H	A	U	I	I	C	Ê	L	D	V	N
Ữ	T	Y	A	Q	T	R	R	H	Ê	T	Y	R	P	D	V
V	Ự	R	R	G	H	O	P	S	N	V	U	A	C	D	L
N	N	C	H	D	Ự	L	N	I	H	D	G	O	N	Â	A
Ề	H	P	R	V	C	F	A	T	O	À	N	C	Ầ	U	Y
B	I	À	O	L	V	Y	G	B	R	C	I	A	R	A	N
I	Ê	D	U	G	Ậ	B	A	A	M	I	À	L	L	V	R
D	N	P	H	K	T	H	P	P	C	U	T	K	N	A	I
T	K	I	C	H	M	P	T	U	H	V	N	H	G	R	K

KHÍ HẬU
CỘNG ĐỒNG
ĐA DẠNG
ĐỘNG VẬT
FLORA
TOÀN CẦU
BIỂN
NÚI
THIÊN NHIÊN
TỰ NHIÊN
MARSH
CÂY
TÀI NGUYÊN
HẠN HÁN
SỰ SỐNG CÒN
BỀN VỮNG
LOÀI
THỰC VẬT

52 - Discipline Scientifiche

T	Đ	Y	D	A	U	M	B	U	K	D	Đ	G	C	Y	K
H	Ị	K	O	C	K	U	U	P	H	I	Ộ	M	H	Y	H
Ầ	A	T	M	Ọ	C	R	N	Q	Ả	N	N	C	B	O	O
N	C	A	R	H	H	C	N	B	O	H	G	B	N	T	Á
K	H	N	I	G	Í	Ọ	R	R	C	D	V	H	G	H	N
I	Ấ	S	I	N	H	H	Ọ	C	Ổ	Ư	Ậ	N	I	Ự	G
N	T	M	U	Ợ	K	N	S	Ọ	H	Ỡ	T	G	Ả	C	V
H	H	T	A	Ư	Ơ	Ă	I	H	Ọ	N	H	Ô	I	V	M
O	Ọ	D	D	T	C	V	N	Ý	C	G	Ọ	N	P	Ậ	M
V	C	A	G	Í	Q	N	H	L	L	M	C	N	H	T	I
Q	L	R	L	H	V	Ê	T	H	O	M	H	G	Ẫ	H	Ễ
I	I	P	P	K	C	I	H	N	R	D	Â	Ữ	U	Ọ	N
R	R	I	Q	L	P	H	Á	I	D	A	B	T	H	C	D
C	M	L	N	Y	M	T	I	S	N	V	A	G	Ọ	R	Ị
D	U	A	D	A	X	Ã	H	Ộ	I	H	Ọ	C	C	C	C
H	H	Ó	A	S	I	N	H	H	Ó	A	H	Ọ	C	P	H

GIẢI PHẪU HỌC
KHẢO CỔ HỌC
THIÊN VĂN HỌC
HÓA SINH
SINH HỌC
THỰC VẬT HỌC
HÓA HỌC
SINH THÁI
SINH LÝ HỌC
ĐỊA CHẤT HỌC
MIỄN DỊCH
NGÔN NGỮ
CƠ KHÍ
KHÍ TƯỢNG HỌC
KHOÁNG
THẦN KINH
DINH DƯỠNG
TÂM LÝ
XÃ HỘI HỌC
ĐỘNG VẬT HỌC

53 - Scienza

Q	D	H	T	R	Ọ	N	G	L	Ự	C	K	G	O	C	C
H	U	Ữ	Ó	L	Y	A	R	A	K	K	K	I	V	T	R
Q	G	A	L	A	A	T	P	B	C	R	H	Ả	V	M	Y
C	I	Y	N	I	T	N	Y	L	Ọ	G	Í	T	P	P	H
M	N	C	Q	S	Ệ	H	A	Y	H	G	H	H	T	N	M
P	I	Q	U	B	Á	U	Ạ	Â	A	H	Ậ	U	T	K	M
L	L	T	I	N	Q	T	R	C	O	B	U	Y	G	H	L
T	Ạ	H	I	Ê	T	C	L	B	H	H	O	Ế	O	A	Y
H	P	M	V	I	U	N	C	K	K	Ó	I	T	M	P	N
Í	T	A	Ó	H	N	Ế	I	T	À	A	A	T	P	N	G
N	Ả	S	G	N	Á	O	H	K	H	C	Y	P	N	Y	G
G	U	Ử	T	N	Ê	Y	U	G	N	H	G	K	D	Ý	G
H	U	A	G	Ê	K	L	G	G	L	Ấ	H	H	T	L	Y
I	N	K	Y	I	R	M	A	K	Ế	T	C	Ự	H	T	L
Ệ	Q	P	Á	H	P	G	N	Ơ	Ư	H	P	R	I	Ậ	K
M	N	N	V	T	Q	V	D	P	H	Â	N	T	Ử	V	M

NGUYÊN TỬ
HÓA CHẤT
KHÍ HẬU
DỮ LIỆU
THÍ NGHIỆM
TIẾN HÓA
THỰC TẾ
VẬT LÝ
HÓA THẠCH
TRỌNG LỰC
GIẢ THUYẾT
PHƯƠNG PHÁP
KHOÁNG SẢN
PHÂN TỬ
THIÊN NHIÊN
QUAN SÁT
HẠT
CÂY
NHÀ KHOA HỌC

54 - Acqua

Á	H	U	S	Á	I	G	G	N	Ơ	Ư	S	P	D	O	R
Đ	B	M	Ô	Q	N	G	E	T	D	G	P	C	O	L	R
C	Ộ	M	N	C	H	Y	M	Y	H	Y	I	Ơ	U	D	G
Ớ	Y	Ẩ	G	Q	U	Ố	N	G	S	Ồ	Y	N	M	Ư	A
Ư	A	Ù	M	Ó	I	G	E	N	B	E	K	B	A	C	D
N	V	D	B	G	Ợ	H	S	Ó	I	I	R	Ã	T	Ớ	M
Y	H	U	L	O	L	T	A	S	K	K	L	O	A	Ư	V
T	G	Y	C	K	Y	V	O	Đ	Ạ	I	D	Ư	Ơ	N	G
I	R	H	G	K	Ủ	V	H	Y	I	G	C	Y	N	I	M
P	U	D	Q	H	H	I	I	L	Ũ	L	Ụ	T	H	Ơ	T
N	A	I	I	O	T	B	Ò	G	L	M	A	Ế	R	H	D
R	Q	H	O	T	R	R	V	V	I	Ơ	H	Y	A	B	N
P	P	V	C	C	Y	H	M	C	Y	P	K	U	K	C	V
V	D	I	Y	B	A	P	I	K	R	Y	P	T	U	L	A
V	H	R	Q	C	Q	P	T	D	D	G	C	O	P	U	G
Y	L	K	Ê	N	H	I	K	R	Y	K	Y	M	Q	R	O

LŨ LỤT
KÊNH
VÒI HOA SEN
BAY HƠI
SÔNG
SƯƠNG GIÁ
GEYSER
NƯỚC ĐÁ
THỦY LỢI
HỒ
GIÓ MÙA
TUYẾT
ĐẠI DƯƠNG
SÓNG
MƯA
UỐNG
ĐỘ ẨM
CƠN BÃO
HƠI NƯỚC

55 - Boxe

Q	K	G	A	N	Y	T	V	R	I	B	D	U	K	A	Y
Y	Á	H	B	K	H	V	N	O	Y	I	Â	K	B	C	Đ
K	Đ	Ấ	U	S	Ĩ	A	C	H	L	C	Y	C	C	M	Ố
R	H	V	P	R	K	C	N	C	Ứ	S	T	Ệ	I	K	I
T	V	U	T	N	K	I	Ồ	H	C	Ụ	H	P	V	C	T
T	P	K	Ỷ	M	I	H	M	B	Q	L	Ừ	H	O	D	H
O	V	P	V	U	À	B	N	I	G	N	N	I	M	H	Ủ
L	G	G	K	V	T	Y	D	Y	Y	R	G	T	R	K	C
G	Y	V	R	B	G	A	T	I	Ê	U	Đ	I	Ể	M	U
A	L	G	Ó	C	N	R	Y	A	T	G	N	Ă	G	L	G
Q	R	N	H	H	Ọ	M	A	T	C	B	N	U	K	C	B
A	T	Ă	N	M	R	D	T	C	Ơ	T	A	Ô	L	Ằ	I
K	O	N	I	Y	T	U	M	L	T	D	B	A	U	M	N
Q	A	Ỹ	U	G	V	K	Ắ	D	H	Y	U	C	I	H	P
H	U	K	I	D	R	H	N	M	Ể	I	Đ	Q	G	B	C
S	Ứ	C	M	Ạ	N	H	A	D	N	D	Y	Q	T	K	B

KỸ NĂNG
GÓC
TRỌNG TÀI
ĐỐI THỦ
ĐÁ
CHUÔNG
ĐẤU SĨ
DÂY THỪNG
CƠ THỂ
KIỆT SỨC
SỨC MẠNH
TIÊU ĐIỂM
KHUỶU TAY
GĂNG TAY
CẰM
NẮM TAY
ĐIỂM
NHANH
PHỤC HỒI

56 - Imbarcazioni

Đ	O	Y	A	L	Q	V	R	C	K	C	A	A	Y	I	I
B	Ạ	K	A	Y	A	K	H	M	T	T	V	H	U	V	Y
Y	G	I	N	H	R	U	Ả	T	Ủ	H	T	Y	Ủ	H	T
I	N	O	D	A	R	C	I	N	R	Ủ	X	U	Ồ	N	G
P	Ừ	H	B	Ư	T	I	L	E	M	Y	V	L	H	Q	N
H	H	V	N	I	Ơ	L	Ý	O	Ồ	T	O	R	T	A	Ô
G	T	I	D	N	C	N	K	H	U	R	Y	I	Y	N	S
P	Y	N	H	O	N	Ể	G	È	B	I	Q	R	L	O	I
H	Â	G	L	À	Q	I	M	Đ	T	Ề	U	U	M	B	D
R	D	M	T	H	N	B	Q	V	Ộ	U	P	H	N	Q	Y
H	D	L	U	P	I	H	A	D	C	N	Q	I	N	H	Q
H	Y	O	V	U	A	P	Đ	B	Y	B	G	N	B	K	A
D	U	T	H	U	Y	Ề	N	O	B	G	N	C	I	C	Q
G	B	N	I	C	U	O	U	A	À	K	Ó	A	Ơ	V	P
M	Ồ	U	B	N	Ề	Y	U	H	T	N	S	U	B	R	M
G	Y	Q	C	G	C	G	Q	P	M	V	Q	H	V	T	U

CỘT BUỒM
NEO
THUYỀN BUỒM
PHAO
XUỒNG
DÂY THỪNG
PHI HÀNH ĐOÀN
SÔNG
KAYAK
HỒ
BIỂN
THỦY TRIỀU
THỦY THỦ
ĐỘNG CƠ
HẢI LÝ
ĐẠI DƯƠNG
SÓNG
PHÀ
DU THUYỀN
BÈ

57 - Chimica

C	Â	N	N	Ặ	N	G	N	Ỏ	L	T	Ấ	H	C	M	Y
K	B	P	D	P	D	I	Q	K	Ộ	Ử	L	U	L	U	C
L	Y	T	K	R	L	Í	I	N	Đ	T	I	X	A	Ố	P
E	D	U	Ơ	C	U	Ữ	H	Ạ	T	N	H	Â	N	I	I
M	H	Y	D	R	O	M	L	K	Ệ	Ê	N	O	G	U	G
Y	H	Q	D	T	R	U	G	M	I	Y	Y	D	L	B	A
Z	Y	L	Y	U	B	A	P	N	H	U	M	M	D	V	Y
N	C	M	M	K	O	G	P	H	N	G	G	T	M	V	C
E	H	Ề	C	A	R	B	O	N	Â	N	Y	D	B	Q	N
C	U	I	I	G	H	B	K	B	D	N	L	M	I	R	Y
L	G	K	Ệ	T	N	O	N	B	G	L	T	P	R	V	K
C	M	C	Á	T	C	Ú	X	T	Ấ	H	C	Ử	Q	D	H
P	Q	H	A	C	R	Y	V	A	D	M	V	K	A	D	R
Đ	I	Ệ	N	T	Ử	Ô	X	Y	Y	O	D	V	L	D	I
H	P	U	O	L	C	A	I	N	G	M	D	Y	M	V	R
P	P	Y	I	D	C	I	M	Q	Y	H	R	V	P	O	R

AXIT
KIỀM
NGUYÊN TỬ
NHIỆT
CARBON
CHẤT XÚC TÁC
CLO
ĐIỆN TỬ
ENZYME
KHÍ
HYDRO
ION
CHẤT LỎNG
PHÂN TỬ
HẠT NHÂN
HỮU CƠ
ÔXY
CÂN NẶNG
MUỐI
NHIỆT ĐỘ

58 - Api

H	U	T	K	K	C	N	G	V	H	A	R	R	H	G	B
I	C	O	V	Y	G	M	M	G	K	L	N	R	Ệ	C	O
O	M	H	H	L	P	N	D	Ậ	M	C	U	M	S	A	C
T	M	D	I	Ó	H	K	P	D	T	C	E	V	I	H	T
Đ	A	D	Ạ	N	G	Q	H	A	A	O	H	Y	N	C	B
C	O	L	L	Y	P	M	Y	Y	N	S	N	K	H	L	A
M	H	D	P	Â	R	U	V	Ư	Ờ	N	Á	G	T	B	Y
A	N	O	Ọ	C	Ó	L	Ợ	I	U	R	C	P	H	O	T
T	Ấ	Y	H	I	C	Ô	N	T	R	Ù	N	G	Á	M	V
T	H	Q	Y	Á	T	C	N	T	M	N	P	N	I	O	K
H	P	Q	L	R	R	L	D	K	U	R	O	À	R	D	I
Ứ	H	G	D	T	M	Y	L	N	K	Q	Q	O	C	Y	G
C	M	Ặ	T	T	R	Ờ	I	R	M	V	G	H	I	N	B
Ă	V	I	P	R	T	D	C	V	V	K	C	Ữ	C	G	G
N	K	O	O	I	A	I	U	L	V	U	Q	N	M	Â	K
R	R	T	Y	N	L	N	H	A	V	M	M	N	T	M	Y

CÁNH
HIVE
CÓ LỢI
SÁP
THỨC ĂN
ĐA DẠNG
HỆ SINH THÁI
HOA
TRÁI CÂY

KHÓI
VƯỜN
CÔN TRÙNG
MẬT ONG
CÂY
PHẤN HOA
NỮ HOÀNG
HỌP LẠI
MẶT TRỜI

59 - Strumenti Musicali

Đ	C	V	A	U	G	L	L	M	G	D	C	Đ	G	Q	B
O	À	E	Q	Đ	Ù	I	Ụ	R	N	U	E	À	N	K	P
M	G	N	Ố	R	T	K	O	C	Ô	U	L	N	K	Y	D
A	Q	O	H	C	Y	V	O	M	L	N	L	G	T	Q	T
R	H	H	U	Ạ	Q	D	U	T	Ô	Ạ	O	H	U	I	R
I	O	P	D	I	C	Ư	R	R	I	U	C	I	G	T	O
M	P	O	V	N	U	Ơ	I	C	V	B	M	T	D	L	M
B	O	X	U	I	Y	N	G	Õ	N	D	D	A	L	P	B
A	D	A	U	L	T	G	N	D	À	N	N	H	Ạ	C	O
Q	P	S	U	O	V	C	Ê	M	Đ	C	H	Q	A	O	N
K	M	R	H	D	D	Ầ	I	D	K	A	D	P	G	L	E
D	C	K	U	N	V	M	H	C	L	A	R	I	N	E	T
B	M	O	B	A	S	S	C	U	L	A	I	G	C	C	Q
G	T	G	S	M	D	U	B	N	B	N	P	Q	H	N	O
Q	B	Y	M	Á	H	A	R	M	O	N	I	C	A	O	G
T	D	K	È	N	O	L	C	V	D	K	P	K	Q	A	K

HARMONICA
ĐÀN HẠC
ĐÙI
BASS
ĐÀN GHI TA
CLARINET
DÀN NHẠC
SÁO
CHIÊNG
MANDOLIN
MARIMBA
GÕ
DƯƠNG CẦM
SAXOPHONE
LỤC LẠC
TRỐNG
KÈN
TROMBONE
ĐÀN VI Ô LÔNG
CELLO

60 - Professioni #2

N	Ả	B	T	Ấ	U	X	À	H	N	R	R	T	Y	C	G
V	H	A	I	G	T	Ế	I	R	T	T	G	N	K	H	I
N	D	I	Y	H	A	V	G	M	Q	V	Y	M	R	Í	Á
N	P	G	Ế	I	D	Y	B	Á	C	S	Ĩ	P	H	N	O
Ô	Y	H	N	P	P	U	L	L	H	R	T	N	I	H	V
N	A	N	K	H	Ả	V	Ạ	P	D	H	Ư	G	V	T	I
G	A	À	C	O	U	N	O	Á	B	À	H	N	V	R	Ê
D	C	H	Ọ	U	V	Y	H	Q	U	L	T	Ô	N	Ị	N
Â	L	I	H	C	G	C	M	G	C	N	Ủ	C	G	G	G
N	R	H	A	N	H	A	S	Ĩ	I	D	H	I	N	I	I
O	T	P	Ó	N	K	A	I	C	D	A	T	H	Q	A	Á
L	H	N	H	À	N	G	Ô	N	N	G	Ữ	P	H	B	O
M	Á	O	À	Q	M	U	V	H	H	B	O	P	Ọ	K	S
K	M	Q	H	A	K	C	B	C	V	V	D	N	A	Ỹ	Ư
H	T	Y	N	I	R	D	B	N	V	N	U	H	S	S	I
C	Ử	N	G	Q	D	B	N	N	L	B	C	V	Ĩ	Ư	N

NÔNG DÂN
PHI HÀNH GIA
THỦ THƯ
NHÀ HÓA HỌC
NHA SĨ
THÁM TỬ
NHÀ XUẤT BẢN
TRIẾT GIA
NHIẾP ẢNH GIA
NHÀ BÁO
HOẠ
KỸ SƯ
GIÁO VIÊN
NHÀ NGÔN NGỮ
BÁC SĨ
PHI CÔNG
HỌA SĨ
CHÍNH TRỊ GIA
GIÁO SƯ

61 - Letteratura

B	S	Y	I	Q	M	A	B	P	N	L	U	G	P	D	B
I	O	N	A	D	G	U	Y	À	L	V	A	T	H	A	A
K	S	A	K	G	Ả	G	K	C	I	A	D	H	O	B	B
Ị	Á	K	P	Y	I	L	D	P	Y	T	N	U	N	L	A
C	N	N	Ự	T	G	N	Ơ	Ư	T	P	H	O	G	I	O
H	H	A	H	M	C	H	Ủ	Đ	Ề	H	D	Ơ	C	K	D
V	T	U	M	L	Á	Y	N	T	C	Â	I	Q	Á	L	K
T	G	M	V	G	T	Y	D	I	Y	N	Y	G	C	N	H
C	N	A	I	K	A	I	C	Ể	I	T	N	Y	H	P	V
S	Ự	M	I	Ê	U	T	Ả	U	Ạ	Í	N	H	Ị	P	Ầ
D	R	C	O	Q	B	Y	T	S	O	C	L	T	B	Y	N
Ẩ	N	D	Ụ	Ơ	N	B	N	Ử	H	H	G	D	R	H	V
T	I	Ể	U	T	H	U	Y	Ế	T	A	R	Q	U	O	K
O	B	D	V	U	R	T	C	N	I	Ạ	O	L	Ể	H	T
G	I	A	I	T	H	O	Ạ	I	Ộ	K	M	V	N	Q	A
N	Ậ	U	L	T	Ế	K	N	Ầ	H	P	Ý	D	N	H	T

PHÂN TÍCH
TƯƠNG TỰ
GIAI THOẠI
TÁC GIẢ
TIỂU SỬ
PHẦN KẾT LUẬN
SO SÁNH
SỰ MIÊU TẢ
HỘI THOẠI
THỂ LOẠI
ẨN DỤ
Ý KIẾN
BÀI THƠ
THƠ
VẦN
NHỊP
TIỂU THUYẾT
PHONG CÁCH
CHỦ ĐỀ
BI KỊCH

62 - Cibo #2

G	B	C	G	C	D	D	K	Q	R	C	C	M	M	C	B
C	N	V	I	M	Ầ	R	O	H	N	À	B	D	M	À	Ô
U	Q	Y	Ă	T	Q	N	Á	V	N	C	Q	H	R	T	N
Q	O	Y	M	Ấ	N	C	T	Ì	M	H	N	Á	B	Í	G
L	Q	P	B	D	N	I	H	Â	N	U	M	C	L	M	C
I	A	M	Ô	H	P	M	C	U	Y	A	G	Ạ	O	A	Ả
C	L	P	N	T	R	Ứ	N	G	Ố	O	S	V	À	N	I
K	Ô	V	G	L	H	N	C	M	V	I	Ữ	C	Đ	N	X
U	C	K	Y	Q	M	G	R	L	G	W	A	B	H	L	A
U	Ô	G	G	U	Q	Y	L	V	M	I	C	B	N	Ú	N
B	S	O	M	P	Y	R	R	P	I	K	H	B	A	A	H
U	N	Y	C	L	P	B	M	Q	U	Ả	U	P	Ả	M	N
P	P	L	C	M	T	O	C	L	B	U	A	C	U	Ì	U
G	I	I	T	O	O	Q	A	K	G	Q	U	N	Q	R	M
Q	À	Y	T	G	C	L	D	P	K	G	K	N	L	H	C
A	N	O	P	P	M	P	N	B	V	C	Q	B	R	Q	M

CHUỐI
BÔNG CẢI XANH
QUẢ ANH ĐÀO
SÔ CÔ LA
PHÔ MAI
NẤM
LÚA MÌ
QUẢ KIWI
TÁO
CÀ TÍM

BÁNH MÌ
CÁ
GÀ
CÀ CHUA
GIĂM BÔNG
GẠO
CẦN TÂY
TRỨNG
NHO
SỮA CHUA

63 - Nutrizione

C	A	R	B	O	H	Y	D	R	A	T	E	B	M	O	Đ
C	M	Ó	P	R	O	T	E	I	N	Ố	T	C	Ộ	Đ	Ắ
H	T	V	H	M	B	B	Q	I	B	X	B	A	N	M	N
Ấ	Q	T	V	U	N	T	Q	D	B	C	P	P	N	H	G
T	V	A	G	N	Ê	I	K	N	Ă	Ớ	I	T	B	Q	Y
L	A	N	Q	N	Q	I	G	N	Ợ	Ư	L	T	Ấ	H	C
Ỏ	G	I	A	V	Ị	K	T	C	N	N	O	L	C	L	M
N	S	Ứ	C	K	H	Ỏ	E	A	G	T	I	Ê	Â	G	C
G	N	Ằ	B	N	Â	C	V	L	H	D	R	N	N	U	B
K	H	Ỏ	E	M	Ạ	N	H	O	H	V	R	M	N	I	G
Ă	N	Đ	Ư	Ợ	C	R	C	T	Y	Ư	K	E	Ặ	C	Q
B	Y	M	T	H	Y	V	B	Y	P	O	Ơ	N	N	R	L
D	B	D	C	N	I	R	C	R	N	G	A	N	G	K	Q
U	N	H	N	N	H	N	G	O	N	G	R	U	G	P	T
V	O	T	L	V	P	K	Q	N	I	M	A	T	I	V	A
K	B	U	A	B	O	Y	L	M	D	T	C	K	Q	H	Ị

ĐẮNG
NGON
CÂN BẰNG
CALO
CARBOHYDRATE
ĂN ĐƯỢC
ĂN KIÊNG
TIÊU HÓA
LÊN MEN
HƯƠNG VỊ
CHẤT LỎNG
CÂN NẶNG
PROTEIN
CHẤT LƯỢNG
NƯỚC XỐT
SỨC KHỎE
KHỎE MẠNH
GIA VỊ
ĐỘC TỐ
VITAMIN

64 - Matematica

G	T	B	D	O	C	G	N	Ổ	T	N	T	D	V	H	B
B	D	S	Ố	H	Ọ	C	Ó	L	C	Y	D	D	U	Q	Y
P	Á	P	S	M	P	I	K	C	A	N	M	U	Ô	G	I
K	D	N	H	N	Í	K	G	N	Ờ	Ư	Đ	T	N	V	Â
G	Y	P	K	Â	Đ	Ố	I	X	Ứ	N	G	H	G	S	M
G	M	Q	K	Í	N	N	D	U	R	Q	T	Ậ	G	O	L
Q	C	Q	A	U	N	S	R	H	R	B	R	P	Ó	N	Ư
L	C	G	Y	Y	Q	H	Ố	L	Y	C	U	P	C	G	Ợ
Y	Ọ	T	Ậ	H	N	Ữ	H	C	H	N	Ì	H	Á	S	N
C	H	U	V	I	N	M	I	R	O	U	I	Â	I	O	G
Á	H	Q	R	B	U	Ũ	M	O	K	B	G	N	G	N	H
I	N	V	R	Y	O	D	G	K	U	N	Q	I	M	G	O
G	Ì	U	U	P	G	P	H	Y	K	Y	Y	C	A	T	I
A	H	N	Ì	R	T	G	N	Ơ	Ư	H	P	V	T	B	T
Đ	H	V	D	G	B	Y	H	K	R	I	N	Q	Y	A	Y
Q	U	Ả	N	G	T	R	Ư	Ờ	N	G	V	Q	Y	A	N

GÓC
SỐ HỌC
THẬP PHÂN
ĐƯỜNG KÍNH
PHƯƠNG TRÌNH
MŨ
PHÂN SỐ
HÌNH HỌC
SỐ
SONG SONG

CHU VI
VUÔNG GÓC
ĐA GIÁC
QUẢNG TRƯỜNG
BÁN KÍNH
HÌNH CHỮ NHẬT
ĐỐI XỨNG
TỔNG
TAM GIÁC
ÂM LƯỢNG

65 - Meditazione

L	Q	U	K	M	N	N	Í	R	T	Í	L	T	L	C	R
A	T	U	B	H	U	M	B	Ế	H	T	Ư	T	Ò	H	K
V	L	Y	A	G	O	G	H	K	Ư	D	D	B	N	Ú	Q
M	Ể	I	Đ	N	A	U	Q	U	Ơ	U	P	P	G	Ý	K
B	R	A	R	A	S	Y	K	G	N	A	H	G	T	N	T
A	T	Y	R	N	I	Á	G	Y	G	N	Ặ	L	Ố	G	Â
G	I	K	Q	U	I	C	T	K	H	N	P	G	T	T	M
N	C	A	K	P	Y	Y	Ả	O	Ạ	D	D	I	Ở	H	T
Ậ	R	Q	G	N	A	M	S	M	I	Q	L	M	D	I	H
H	U	M	T	V	Q	G	I	U	X	Q	C	L	I	Ê	Ầ
N	G	I	H	O	Q	D	Q	R	Y	Ú	M	Ặ	C	N	N
P	Â	M	N	H	Ạ	C	C	Õ	H	N	C	N	K	N	T
Ấ	L	K	K	G	Q	C	B	R	L	V	G	G	A	H	B
H	Ò	A	B	Ì	N	H	V	À	U	T	L	H	P	I	C
C	N	Ơ	T	Ế	I	B	G	N	Ò	L	R	Q	Ĩ	Ê	L
L	U	C	R	O	À	R	T	G	N	O	H	P	Y	N	C

CHẤP NHẬN
CHÚ Ý
LẶNG
RÕ RÀNG
THƯƠNG HẠI
CẢM XÚC
LÒNG TỐT
LÒNG BIẾT ƠN
TÂM THẦN
LÍ TRÍ
PHONG TRÀO
ÂM NHẠC
THIÊN NHIÊN
QUAN SÁT
HÒA BÌNH
SUY NGHĨ
TƯ THẾ
QUAN ĐIỂM
THỞ
IM LẶNG

66 - Elettricità

O	T	M	G	N	Ợ	Ư	T	I	Ố	Đ	H	K	Y	N	H
H	H	P	G	A	N	C	P	I	T	I	T	Y	M	Y	P
N	G	Y	Á	M	K	L	H	D	U	M	A	B	T	O	L
M	T	M	U	C	L	R	Đ	I	Ệ	N	I	P	H	U	M
P	Á	B	T	H	Q	Ư	Y	V	V	A	M	K	R	G	T
G	Y	Y	Y	Â	D	T	U	S	Ố	L	Ư	Ợ	N	G	H
T	H	C	P	M	T	Ị	B	T	Ế	I	H	T	Đ	G	Ợ
K	C	Ự	C	H	C	Í	T	B	R	I	I	I	I	N	Đ
D	A	H	O	V	Á	K	M	M	E	Ữ	K	Ê	Ệ	M	I
U	D	K	B	I	N	T	D	Q	S	C	C	U	N	P	Ệ
M	Ạ	N	G	P	B	Q	Đ	G	A	U	T	C	T	P	N
Ổ	C	Ắ	M	Đ	M	P	N	I	L	G	L	Ự	H	A	N
A	U	B	D	È	Q	O	P	B	Ệ	V	V	C	O	M	K
V	B	O	B	N	D	T	N	C	Y	N	O	H	Ạ	P	H
R	K	H	V	T	C	T	L	U	V	V	H	G	I	M	G
H	T	T	R	P	O	U	T	G	T	I	O	K	U	G	D

THIẾT BỊ
PIN
CÁP
LƯU TRỮ
THỢ ĐIỆN
ĐIỆN
DÂY
MÁY PHÁT ĐIỆN
ĐÈN
LASER
NAM CHÂM
TIÊU CỰC
ĐỐI TƯỢNG
TÍCH CỰC
Ổ CẮM
SỐ LƯỢNG
MẠNG
ĐIỆN THOẠI

67 - Antiquariato

K	M	Đ	M	C	Y	K	N	G	A	C	Y	K	O	Đ	T
I	H	I	Ồ	H	C	Ụ	H	P	I	V	D	C	R	Ầ	R
G	N	Ề	B	C	Ắ	Ụ	D	P	G	Á	P	V	Y	U	A
M	D	U	H	Ị	H	M	M	N	D	R	A	R	C	T	N
Y	O	K	L	L	K	A	L	Y	C	R	K	D	I	Ư	G
R	B	I	R	H	U	L	M	C	T	T	L	G	B	K	T
O	R	Ệ	C	N	Ê	V	P	O	H	Ấ	Đ	N	C	V	R
P	M	N	M	A	I	H	G	G	U	H	Ấ	Ợ	C	Ũ	Í
H	I	R	C	H	Đ	V	M	P	Ậ	T	U	Ư	S	Ộ	B
O	H	P	U	T	P	Ị	R	T	Á	I	G	L	R	A	I
N	Y	O	V	L	P	I	D	O	P	Ộ	I	T	G	T	K
G	D	O	T	Q	V	L	L	O	N	N	Á	Ấ	D	H	G
C	T	Ậ	U	H	T	Ệ	H	G	N	Ồ	N	H	G	Ế	H
Á	M	B	Y	L	Ậ	P	Y	N	H	Đ	I	C	T	K	Y
C	Q	L	Q	K	P	T	C	N	M	G	P	U	K	Ỷ	R
H	R	N	Y	A	Đ	Ồ	N	G	X	U	G	O	G	D	P

NGHỆ THUẬT
MỤC
ĐẤU GIÁ
THẬT
THU
ĐIỀU KIỆN
TRANG TRÍ
THANH LỊCH
BỘ SƯU TẬP
ĐẦU TƯ
ĐỒ NỘI THẤT
ĐỒNG XU
GIÁ
CHẤT LƯỢNG
PHỤC HỒI
ĐIÊU KHẮC
THẾ KỶ
PHONG CÁCH
GIÁ TRỊ
CŨ

68 - Escursionismo

C	S	Ự	Đ	Ị	N	H	H	Ư	Ớ	N	G	Y	R	A	H
Ớ	H	N	D	Y	P	G	R	V	P	K	N	I	V	N	O
Ư	N	U	V	Đ	P	V	K	Y	A	H	Ố	D	U	T	A
N	U	U	Ẩ	Á	R	T	Y	A	Q	K	Y	K	O	U	N
Ê	M	B	V	N	V	Á	C	H	Đ	Á	À	M	B	D	G
I	Ố	N	Ả	K	B	N	M	U	G	K	I	U	R	U	D
H	I	A	Q	N	P	Ị	Q	D	C	T	G	Ỗ	M	O	Ã
N	N	V	L	R	Đ	M	P	G	B	H	K	I	Q	O	T
N	G	N	Ặ	N	C	Ồ	N	V	H	N	P	M	R	L	B
Ê	U	Ẫ	N	C	Ắ	L	Ê	Ú	T	H	V	N	O	P	G
I	Y	D	N	R	M	B	I	K	I	Ờ	R	T	T	Ặ	M
H	H	G	Q	O	T	Ậ	V	G	N	Ộ	Đ	Ệ	R	P	L
T	I	N	Q	V	R	U	G	B	K	M	R	M	N	Q	L
T	Ể	Ớ	R	Y	Ạ	K	N	L	Y	C	H	G	C	G	O
V	M	Ư	N	C	I	A	Ô	L	I	T	O	O	I	I	B
L	O	H	V	V	T	A	C	K	H	Í	H	Ậ	U	L	R

NƯỚC
ĐỘNG VẬT
CẮM TRẠI
KHÍ HẬU
HƯỚNG DẪN
BẢN ĐỒ
NÚI
THIÊN NHIÊN
SỰ ĐỊNH HƯỚNG
CÔNG VIÊN
MỐI NGUY HIỂM
NẶNG
ĐÁ
CHUẨN BỊ
VÁCH ĐÁ
HOANG DÃ
MẶT TRỜI
MỆT
GIÀY ỐNG
MUỖI

69 - Professioni #1

A	V	N	O	N	H	À	Đ	Ị	A	C	H	Ấ	T	B	N
T	Ủ	H	T	Y	Ủ	H	T	B	G	Y	L	B	H	I	G
Y	Y	À	V	Ú	N	N	G	T	T	Q	L	K	H	Ê	H
N	R	K	T	H	Ợ	S	Ă	N	I	H	R	Y	M	N	Ệ
Y	G	H	T	T	R	U	U	L	Y	B	Q	V	R	T	S
L	M	O	O	Ĩ	D	I	I	N	L	Ự	C	S	Ĩ	Ậ	Ĩ
V	Y	A	Y	S	V	Ũ	C	Ô	N	G	B	C	S	P	P
G	N	H	P	C	A	R	E	L	E	W	E	J	Ễ	V	I
N	R	Ọ	B	Á	B	B	E	Đ	Ạ	I	S	Ứ	H	I	A
À	H	C	P	B	Q	M	D	B	D	D	U	Á	G	Ê	N
H	H	Ạ	V	U	M	D	Y	A	M	Ợ	H	T	N	N	O
N	R	T	C	R	C	Ư	S	T	Ậ	U	L	Y	A	B	T
Â	L	H	U	S	N	Ợ	M	R	H	U	L	P	N	B	D
G	C	G	H	C	Ĩ	C	D	R	M	U	C	P	Q	Y	R
N	V	O	V	K	U	S	Y	Y	H	O	C	O	L	T	L
L	Y	D	G	Y	R	Ĩ	S	C	Á	B	C	A	C	O	M

ĐẠI SỨ
NGHỆ SĨ
LỰC SĨ
LUẬT SƯ
VŨ CÔNG
NGÂN HÀNG
THỢ SĂN
BIÊN TẬP VIÊN
DƯỢC SĨ
NHÀ ĐỊA CHẤT
JEWELER
PLUMBER
Y TÁ
THỦY THỦ
BÁC SĨ
NHẠC SĨ
NGHỆ SĨ PIANO
THỢ MAY
NHÀ KHOA HỌC
BÁC SĨ THÚ Y

70 - Antartide

D	I	C	Ư	Đ	R	B	V	K	Đ	R	M	N	H	C	Q
C	T	C	A	Ị	P	O	C	H	Á	I	Ô	Ồ	Ư	N	O
C	I	Á	A	A	R	O	Ộ	O	M	D	N	T	V	Ớ	Q
N	H	V	L	H	O	Ả	Đ	A	M	Q	Đ	O	Q	I	C
K	D	O	N	Ì	C	Đ	T	H	Â	V	Ị	Ả	O	N	Q
Y	H	I	I	N	K	N	Ệ	Ọ	Y	L	A	B	Y	O	T
A	N	O	D	H	Y	Á	I	C	C	Ụ	L	L	U	B	D
A	Ị	B	Á	I	C	B	H	Q	G	C	Ý	I	L	I	R
K	V	V	B	N	O	C	N	U	K	Đ	Q	G	D	Y	C
T	U	D	T	N	G	M	H	Q	M	Ị	M	V	C	P	T
G	H	H	I	N	M	S	V	K	U	A	K	Y	C	M	H
B	K	Ă	G	D	B	C	Ả	Q	A	K	N	L	T	A	L
Ă	Y	I	M	L	T	O	G	N	Ă	B	G	N	Ô	S	O
N	P	C	P	D	M	Ô	I	T	R	Ư	Ờ	N	G	Y	À
G	O	K	H	D	Ò	Y	T	I	D	H	A	A	P	C	I
K	B	U	L	M	M	O	V	H	M	M	R	I	N	P	I

NƯỚC
MÔI TRƯỜNG
VỊNH
CÁ VOI
BẢO TỒN
LỤC ĐỊA
THĂM DÒ
MÔN ĐỊA LÝ
SÔNG BĂNG
BĂNG

ĐẢO
DI CƯ
KHOÁNG SẢN
ĐÁM MÂY
BÁN ĐẢO
ROCKY
KHOA HỌC
LOÀI
NHIỆT ĐỘ
ĐỊA HÌNH

71 - Libri

K	N	B	V	O	Q	R	N	C	Ọ	Đ	I	Ờ	Ư	G	N
U	Y	V	T	Ạ	Q	K	L	Ó	R	B	G	T	L	M	C
Ừ	K	U	A	T	Ế	I	V	L	I	Ộ	I	M	O	D	Â
T	R	A	N	G	P	V	P	I	L	S	Q	N	Ạ	P	U
Ế	K	R	C	N	Q	Y	G	Ê	R	Ư	G	H	T	G	C
Y	U	A	A	Á	Y	Y	G	N	T	U	P	Â	I	P	H
U	P	D	I	S	U	L	H	Q	D	T	M	N	P	O	U
H	B	Ố	I	C	Ả	N	H	U	D	Ậ	C	V	P	Q	Y
T	H	À	I	H	Ư	Ớ	C	A	L	P	D	Ậ	V	V	Ệ
U	Á	B	I	K	Ị	C	H	N	V	Ị	G	T	B	K	N
Ể	H	C	D	T	G	H	H	V	K	Ă	C	I	K	D	D
I	M	Â	G	N	R	A	O	O	O	P	N	H	V	Y	N
T	P	U	N	I	K	G	Y	P	N	C	L	H	S	P	T
Q	A	T	L	N	Ả	U	V	I	G	Y	M	C	Ọ	Ử	Q
P	H	Y	T	H	Ơ	L	U	B	V	A	M	N	G	C	Q
D	D	T	D	M	N	A	K	É	O	D	À	I	P	L	I

TÁC GIẢ
NHÂN VẬT
BỘ SƯU TẬP
BỐI CẢNH
KÉO DÀI
NGÂM
SÁNG TẠO
VĂN HỌC
NGƯỜI ĐỌC
TRANG
TỪ
THƠ
CÓ LIÊN QUAN
TIỂU THUYẾT
VIẾT
LOẠT
CÂU CHUYỆN
LỊCH SỬ
BI KỊCH
HÀI HƯỚC

72 - Geografia

V	T	R	C	H	H	T	K	L	D	Y	Q	G	R	P	L
Ộ	Đ	H	N	I	K	V	H	U	R	R	T	U	M	H	Ã
G	R	Y	Ế	O	C	L	U	Ầ	Q	K	K	L	O	Í	N
C	G	A	K	G	A	I	V	C	A	L	I	P	R	A	H
N	Q	Q	N	Ể	I	B	Ự	N	Ồ	Đ	N	Ả	B	N	T
B	R	R	T	B	G	Ớ	C	Á	H	I	H	M	T	A	H
L	V	M	D	O	C	A	I	B	U	O	T	L	H	M	Ổ
V	Đ	U	I	U	Ố	I	L	N	Ắ	B	U	Q	D	B	K
Ĩ	Ộ	D	M	M	U	C	L	N	K	C	Y	L	N	Q	Q
Đ	C	O	C	Y	Q	V	L	I	Ú	D	Ế	M	Q	O	A
Ộ	A	H	Ư	Ớ	N	G	T	Â	Y	I	N	D	T	I	K
T	O	Q	B	Y	Q	N	H	L	V	L	A	T	L	A	S
Y	G	Q	K	R	M	Ô	Y	Y	L	O	K	N	V	A	H
B	Q	L	D	L	B	S	Q	N	Y	D	K	U	Y	Đ	G
H	Y	R	B	C	B	R	K	C	Q	V	N	P	T	Ả	H
T	H	À	N	H	P	H	Ố	L	Ụ	C	Đ	Ị	A	O	Y

ĐỘ CAO
ATLAS
THÀNH PHỐ
LỤC ĐỊA
BÁN CẦU
SÔNG
ĐẢO
VĨ ĐỘ
KINH ĐỘ
BẢN ĐỒ
BIỂN
KINH TUYẾN
THẾ GIỚI
NÚI
BẮC
HƯỚNG TÂY
QUỐC GIA
KHU VỰC
PHÍA NAM
LÃNH THỔ

73 - Cibo #1

Y	I	U	D	B	V	K	Y	K	G	L	D	U	A	R	I
H	R	C	M	T	L	B	M	M	N	K	Â	V	O	V	Y
T	P	L	D	D	V	A	Ế	U	Q	I	U	P	Q	L	T
O	M	B	T	L	U	Q	U	S	Y	B	T	I	P	G	V
N	T	G	V	G	G	H	Q	I	Ữ	M	Â	V	T	A	P
R	A	U	B	I	N	A	G	H	V	A	Y	A	N	Y	I
R	T	K	U	Ả	Ờ	V	N	Q	L	O	A	O	T	L	N
B	H	À	Q	C	Ư	I	Ú	N	V	K	V	P	V	Q	N
A	Ị	K	H	Ủ	Đ	N	H	N	A	H	C	P	G	L	Y
T	T	P	É	C	Ớ	Ư	N	D	D	Q	K	B	H	V	N
V	U	I	Y	Á	Ạ	C	À	R	Ố	T	S	M	L	R	I
A	R	P	H	N	Á	B	H	C	Ạ	M	A	Ú	L	H	M
V	O	A	R	G	T	M	D	O	D	D	L	A	T	N	Q
Y	I	B	K	Ừ	B	Ỏ	T	Q	C	Q	A	C	N	O	P
T	O	D	O	P	D	P	I	Ố	U	M	D	L	Ê	D	T
L	N	T	R	C	K	R	P	D	C	D	M	B	Y	D	C

TỎI
HÚNG QUẾ
QUẾ
THỊT
CÀ RỐT
HÀNH
DÂU TÂY
SALAD
SỮA
CHANH
BẠC HÀ
LÚA MẠCH
LÊ
CỦ CẢI
MUỐI
RAU BINA
NƯỚC ÉP
CÁ NGỪ
BÁNH
ĐƯỜNG

74 - Aeroplani

Ử	S	H	C	Ị	L	T	N	K	G	M	V	Q	M	V	T
K	H	N	Ạ	L	O	B	À	G	H	C	H	Y	U	B	B
I	Y	H	T	X	D	O	O	U	O	Ô	B	A	D	K	D
T	D	I	B	T	U	D	Đ	R	R	B	N	M	Y	Y	A
H	R	Ê	K	Ạ	A	Ố	H	H	V	Ơ	C	G	N	Ộ	Đ
I	O	N	L	U	G	P	N	Đ	Ộ	C	A	O	K	B	C
Ế	P	L	R	Q	Q	V	À	G	N	Ó	B	R	Đ	H	C
T	H	I	Q	H	À	N	H	K	H	Á	C	H	Ổ	N	Í
K	Ó	Ệ	M	N	C	H	I	Ề	U	C	A	O	B	T	A
Ế	N	U	K	Á	G	K	H	P	L	B	Y	C	Ộ	M	A
U	G	N	Ô	C	I	H	P	Ư	B	Ầ	U	T	R	Ờ	I
N	H	I	Ễ	U	L	O	Ạ	N	Ớ	B	Q	V	P	N	L
O	T	I	M	N	Q	U	M	U	G	N	Ự	D	Y	Â	X
N	M	K	R	G	M	G	T	I	U	H	G	Q	R	P	B
Y	U	P	B	B	Q	Q	K	O	M	O	G	L	K	C	C
Q	K	O	U	V	A	Y	U	G	K	A	N	M	N	B	B

CHIỀU CAO
ĐỘ CAO
KHÔNG KHÍ
ĐỔ BỘ
NHIÊN LIỆU
BẦU TRỜI
XÂY DỰNG
THIẾT KẾ
HƯỚNG
HẠ XUỐNG
CÁNH QUẠT
PHI HÀNH ĐOÀN
HYDRO
PHÓNG
ĐỘNG CƠ
BÓNG
HÀNH KHÁCH
PHI CÔNG
LỊCH SỬ
NHIỄU LOẠN

75 - Governo

H	I	Ế	N	P	H	Á	P	K	D	Q	U	P	Y	V	Y
G	Y	K	M	P	Q	Y	Ị	R	T	H	N	Í	H	C	O
Y	T	I	G	Y	U	G	T	H	H	A	O	C	Y	N	D
Y	L	O	L	M	T	U	K	Ợ	Ả	M	K	Ủ	V	O	O
M	O	N	U	M	E	N	T	P	O	Ạ	Đ	H	N	Ã	L
B	I	K	L	V	Q	T	I	P	L	Đ	Ộ	C	L	Ậ	P
S	I	M	O	R	U	Ự	K	H	U	I	V	N	D	Y	Á
B	Ự	Ể	U	P	Ậ	D	B	Á	Ậ	D	L	Â	L	B	H
Ì	S	C	U	L	N	O	K	P	N	Q	A	D	G	N	P
N	N	L	Ô	T	U	Ể	I	B	T	Á	H	P	D	U	Ư
H	Â	I	A	N	Ư	Ậ	Q	L	A	I	D	L	N	K	T
Đ	D	A	U	T	G	Ợ	T	M	R	G	K	P	R	V	B
Ẳ	A	U	A	Y	R	B	N	Q	U	Ố	C	T	Ị	C	H
N	V	I	L	I	R	A	Ằ	G	N	A	B	U	Ể	I	T
G	U	K	Y	B	I	Q	Q	N	K	A	N	U	C	A	O
U	T	V	U	D	M	G	A	I	G	C	Ố	U	Q	N	A

LÃNH ĐẠO
QUỐC TỊCH
DÂN SỰ
HIẾN PHÁP
DÂN CHỦ
PHÁT BIỂU
THẢO LUẬN
TƯ PHÁP
SỰ CÔNG BẰNG
ĐỘC LẬP
HỢP PHÁP
LUẬT
TỰ DO
MONUMENT
QUỐC GIA
CHÍNH TRỊ
QUẬN
BIỂU TƯỢNG
TIỂU BANG
BÌNH ĐẲNG

76 - Bellezza

C	U	O	C	G	R	B	R	A	K	É	O	S	L	R	I
Y	I	G	R	M	P	N	V	V	Q	U	D	O	I	H	K
M	M	T	C	U	R	L	S	P	N	D	T	N	H	G	V
V	T	B	P	S	L	A	V	K	T	M	M	M	B	Q	T
G	H	A	G	C	T	C	M	H	M	Ỹ	A	Ô	A	N	P
M	H	B	D	G	B	Y	A	I	Q	P	S	I	A	H	B
D	I	D	Q	T	Y	G	L	M	M	H	C	U	M	C	G
H	Q	U	Y	Ế	N	R	Ũ	I	O	Ẩ	A	T	H	Ị	Q
Ư	N	K	A	L	Â	G	C	A	S	M	R	Y	P	L	N
Ơ	K	Ả	D	Ầ	U	G	Ộ	I	V	T	A	T	P	H	C
N	R	P	N	S	A	N	G	T	R	Ọ	N	G	D	N	K
G	D	Ầ	U	Ă	N	I	C	O	A	K	C	N	Ị	A	T
T	O	I	P	C	T	Y	V	D	C	N	Q	D	C	H	M
H	D	D	U	P	A	U	G	M	H	O	Q	A	H	T	À
Ơ	G	Ư	Ơ	N	G	Y	I	O	O	L	A	Y	V	N	U
M	T	R	A	N	G	Đ	I	Ể	M	Q	U	I	Ụ	T	N

MÀU
MỸ PHẨM
THANH LỊCH
SANG TRỌNG
QUYẾN RŨ
KÉO
ĂN ẢNH
HƯƠNG THƠM
ÂN
MỊN
MASCARA
DẦU
DA
CURLS
SON MÔI
DỊCH VỤ
DẦU GỘI
GƯƠNG
STYLIST
TRANG ĐIỂM

77 - Forme

K	B	M	R	Y	Y	U	B	V	B	G	P	L	A	Q	Y
Y	I	D	T	G	N	Ă	L	R	Y	M	B	G	C	U	M
O	R	M	B	Ó	Ê	O	Y	L	C	M	O	R	L	Ả	A
E	A	Q	T	C	B	Y	T	A	M	G	I	Á	C	N	Q
H	L	U	Y	Ự	O	D	T	Q	V	L	B	I	K	G	D
Ì	O	L	Ụ	R	T	H	N	Ì	H	R	U	P	B	T	K
N	B	H	I	H	A	H	K	A	N	L	L	H	Y	R	U
H	R	V	I	P	G	O	Á	D	Ạ	N	N	R	M	Ư	Đ
C	E	I	L	I	S	N	M	P	C	K	D	Ó	H	Ờ	A
H	P	V	R	Y	H	E	Y	D	G	B	N	A	N	N	G
Ữ	Y	Y	T	I	À	D	U	Ầ	C	U	N	G	C	G	I
N	H	R	D	N	N	Ò	R	T	G	N	Ò	V	R	N	Á
H	Q	G	I	M	G	N	O	C	G	N	Ờ	Ư	Đ	Ò	C
Ậ	D	U	Q	N	R	H	H	A	B	C	D	A	H	V	G
T	T	Q	D	R	B	H	C	P	O	Y	V	T	G	L	Q
Q	K	U	U	G	L	M	Y	V	A	L	T	Q	G	A	B

GÓC
CUNG
CẠNH
VÒNG TRÒN
HÌNH TRỤ
NÓN
ĐƯỜNG CONG
ELLIPSE
HYPERBOLA
BÊN
HÀNG
KIM TỰ THÁP
ĐA GIÁC
LĂNG
QUẢNG TRƯỜNG
HÌNH CHỮ NHẬT
VÒNG
CẦU
TAM GIÁC

78 - Oceano

K	I	M	N	Ể	I	B	T	Ọ	B	D	C	P	C	L	N
O	D	L	Ề	C	Ố	Ạ	I	L	M	V	L	O	U	M	O
R	T	N	Y	B	U	C	B	Ã	O	T	Á	P	A	A	Q
C	G	G	U	Y	M	H	V	O	C	V	K	Ậ	Q	G	A
G	Á	A	H	M	Ô	T	V	Q	T	Á	Q	M	G	H	V
N	C	H	T	H	H	U	U	L	N	V	T	Á	I	C	R
C	V	Q	E	I	N	Ộ	C	V	R	C	I	C	L	O	D
I	R	K	M	O	A	C	P	Ừ	G	N	Á	C	K	R	Y
S	R	P	T	V	S	L	Ư	Ơ	N	H	T	V	L	G	B
Ứ	G	I	I	Á	K	O	L	P	Ó	U	À	L	R	Ù	A
A	A	C	M	C	D	B	A	M	S	U	R	U	A	V	H
M	M	T	B	K	Y	K	T	I	R	V	R	B	H	H	G
I	Ạ	L	Ả	R	T	H	Ủ	Y	T	R	I	Ề	U	U	B
A	U	Q	B	H	N	H	N	B	O	A	V	N	P	V	L
Y	O	C	D	V	D	M	R	G	I	L	Q	H	L	A	T
Q	B	H	O	H	V	C	Y	B	C	G	I	M	A	N	D

LƯƠN
CÁ VOI
THUYỀN
SAN HÔ
CÁ HEO
TÔM
CUA
THỦY TRIỀU
SỨA
SÓNG

HÀU
CÁ
BẠCH TUỘC
MUỐI
TRẢ LẠI
BỌT BIỂN
CÁ MẬP
RÙA
BÃO TÁP
CÁ NGỪ

79 - Creatività

T	Ý	T	Ư	Ở	N	G	V	T	Ự	P	H	Á	T	O	C
P	Í	A	D	L	D	L	B	T	C	I	N	C	L	B	Ư
B	G	N	Ứ	H	M	Ả	C	C	T	U	G	D	N	K	Ờ
R	L	N	H	D	D	M	T	P	G	Y	R	G	D	Ị	N
L	M	L	I	X	B	I	Ể	U	H	I	Ệ	N	O	C	G
L	Ỏ	N	G	C	Á	U	P	D	C	A	A	À	Ạ	H	Đ
C	M	P	N	Ả	T	C	Á	I	G	C	Ự	R	T	C	Ộ
R	V	C	Ă	M	H	N	T	I	A	Y	I	Õ	G	Ả	N
Ả	G	U	N	G	Y	Q	C	H	U	C	H	R	N	M	K
A	N	K	Ỹ	I	H	R	O	P	Ự	U	B	K	Á	X	K
M	Ợ	H	K	Á	U	G	N	Ố	S	C	Ứ	S	S	Ú	M
P	Ư	Y	L	C	T	Ầ	M	N	H	Ì	N	Q	U	C	U
G	T	D	Y	Q	D	P	K	P	L	Y	I	B	K	D	D
U	N	M	T	N	G	H	Ệ	T	H	U	Ậ	T	Q	U	I
K	Ấ	I	Q	M	U	Y	A	B	Q	M	M	H	D	A	D
P	U	G	U	U	Q	P	A	H	A	A	D	U	C	U	K

KỸ NĂNG
NGHỆ THUẬT
TÍNH XÁC THỰC
RÕ RÀNG
KỊCH
CẢM XÚC
BIỂU HIỆN
LỎNG
Ý TƯỞNG
ẢNH
ẤN TƯỢNG
CƯỜNG ĐỘ
TRỰC GIÁC
SÁNG TẠO
CẢM HỨNG
CẢM GIÁC
TỰ PHÁT
TẦM NHÌN
SỨC SỐNG

80 - Veicoli

V	A	N	I	O	O	C	H	I	U	Y	I	Ả	T	E	X
B	G	N	Ơ	Ư	H	T	U	Ứ	C	E	X	M	R	L	T
R	Y	A	B	Y	Á	M	Q	L	B	C	C	Á	N	D	T
D	A	P	H	B	V	H	T	U	Ố	Y	Ắ	Y	Y	G	N
H	T	Ý	U	B	E	X	Q	D	A	P	T	K	L	U	G
I	E	G	T	Q	N	U	Y	N	N	M	E	É	Y	G	B
I	X	M	G	T	U	R	C	M	I	C	X	O	Y	P	V
Q	I	Ầ	K	N	V	T	A	T	Ê	N	L	Ử	A	V	T
T	Ơ	G	O	B	Q	C	R	Y	V	P	A	N	B	A	Y
G	H	N	Q	L	K	B	A	A	A	N	R	M	O	Y	K
M	E	U	U	Q	Ơ	B	V	M	C	O	V	N	P	U	B
X	X	À	Y	N	C	C	A	P	U	L	P	H	À	U	T
D	E	T	I	Ề	G	H	N	Ạ	L	V	C	Q	I	A	C
I	D	L	B	V	N	X	E	Đ	I	Ệ	N	N	G	Ầ	M
H	D	U	Ử	O	Ộ	B	È	E	Y	T	P	R	D	M	H
O	T	A	U	A	Đ	K	C	X	K	A	N	M	K	K	L

MÁY BAY
XE CỨU THƯƠNG
XE HƠI
XE BUÝT
THUYỀN
XE ĐẠP
XE TẢI
CARAVAN
VAN
XE ĐIỆN NGẦM
ĐỘNG CƠ
LỐP
TÊN LỬA
XE TAY GA
TÀU NGẦM
XE TẮC XI
PHÀ
MÁY KÉO
XE LỬA
BÈ

81 - Emozioni

X	Ấ	U	H	Ổ	B	G	L	C	A	N	T	Y	B	O	H
D	Ị	U	D	À	N	G	N	Ò	Ả	U	B	O	L	V	Ò
G	D	Q	I	U	V	M	Ề	I	N	M	V	M	I	P	A
Q	B	K	R	G	R	A	T	N	Y	G	T	O	S	K	B
B	Ị	K	Í	C	H	T	H	Í	C	H	T	H	S	M	Ì
N	P	A	N	Ả	N	N	Á	H	C	G	B	Ố	Ô	G	N
Ỗ	M	N	Ã	M	Ì	O	Ỗ	U	A	U	G	D	T	N	H
I	I	Q	I	L	B	V	D	I	A	H	U	C	C	U	G
B	C	C	G	H	N	R	M	H	S	D	T	O	O	D	N
U	R	G	Ư	D	Ê	Q	O	L	I	Ợ	Q	D	R	I	Ặ
Ồ	P	Y	H	N	Y	H	À	I	L	Ò	N	G	K	Ộ	L
N	Y	P	T	I	U	N	G	I	D	V	U	Q	R	N	M
D	Q	O	A	L	K	T	M	G	N	B	U	O	R	H	D
P	R	M	O	U	K	Y	Ê	U	K	V	G	Q	A	V	V
V	G	H	S	Ự	P	H	Ẫ	N	N	Ộ	L	M	B	H	B
V	G	I	H	T	L	L	B	H	O	T	R	I	Â	N	P

YÊU
BLISS
LẶNG
NỘI DUNG
BỊ KÍCH THÍCH
LÒNG TỐT
NIỀM VUI
TRI ÂN
XẤU HỔ
CHÁN NẢN
HÒA BÌNH
NỖI SỢ
SỰ PHẪN NỘ
THƯ GIÃN
CẢM THÔNG
HÀI LÒNG
DỊU DÀNG
YÊN BÌNH
NỖI BUỒN

82 - Natura

Đ	H	D	M	T	U	A	Q	L	H	C	R	P	I	O	A
P	Ộ	U	L	O	T	C	U	Q	C	T	V	V	G	K	Y
N	H	N	Á	H	T	D	A	G	D	D	G	N	N	N	O
X	H	T	G	N	Ô	S	N	P	T	O	G	Ă	B	V	P
V	Ó	V	G	V	B	C	T	A	C	N	I	N	Ắ	B	R
B	V	I	D	U	Ậ	M	R	C	D	P	U	G	C	N	Ừ
O	B	Ú	M	A	L	T	Ọ	Ù	B	K	L	Đ	C	Q	N
G	N	N	P	Ò	H	K	N	M	B	H	V	Ộ	Ự	G	G
N	P	Y	E	O	N	Y	G	G	V	C	Y	N	C	K	K
U	C	I	G	N	Ă	B	G	N	Ô	S	Â	G	D	V	R
G	B	I	A	G	E	P	A	Ơ	V	H	M	A	N	C	Q
C	P	B	T	H	U	R	B	Ư	H	U	M	Q	L	G	K
H	O	A	N	G	D	Ã	E	S	R	M	Á	L	N	T	G
N	H	I	Ệ	T	Đ	Ớ	I	S	V	Ẻ	Đ	Ẹ	P	N	G
L	A	V	M	O	Y	T	A	V	S	A	M	Ạ	C	N	O
B	V	V	H	L	D	I	G	Y	H	U	A	G	H	N	M

ĐỘNG VẬT
ONG
BẮC CỰC
VẺ ĐẸP
SA MẠC
NĂNG ĐỘNG
XÓI MÒN
SÔNG
LÁ
RỪNG
SÔNG BĂNG
NÚI
SƯƠNG MÙ
ĐÁM MÂY
THÁNH
HOANG DÃ
SERENE
NHIỆT ĐỚI
QUAN TRỌNG

83 - Paesi #1

A	C	L	K	M	O	C	Y	V	R	Q	M	V	C	C	L
K	M	O	G	H	R	O	Q	E	D	H	P	I	L	D	Q
U	B	T	A	B	R	D	N	N	T	P	G	I	O	O	R
I	L	K	H	A	P	N	B	E	A	A	Q	B	M	Y	K
K	L	L	N	D	R	R	V	Z	P	H	Ầ	N	L	A	N
I	I	I	U	A	G	B	T	U	Y	R	A	C	I	Y	Y
L	H	Y	M	N	U	G	Q	E	L	I	Z	A	R	B	V
A	M	A	N	A	P	P	A	L	A	P	C	M	A	I	T
M	O	R	O	C	C	O	N	A	P	H	O	P	Q	L	Â
A	I	C	Ậ	P	Ứ	S	P	A	L	L	N	U	U	E	Y
N	C	B	L	D	H	Đ	E	I	U	N	Y	C	A	A	B
T	N	O	A	Ấ	N	Đ	Ộ	N	I	Y	H	H	B	R	A
Ệ	H	L	I	U	Q	G	L	A	E	H	M	I	A	S	N
I	V	U	D	T	U	U	N	M	P	G	I	A	L	I	N
V	G	N	G	L	C	G	U	O	U	H	A	H	A	A	H
B	B	H	I	C	P	M	V	R	C	B	R	L	N	U	A

BRAZIL
CAMPUCHIA
CANADA
AI CẬP
PHẦN LAN
ĐỨC
ẤN ĐỘ
IRAQ
ISRAEL
LIBYA
MALI
MOROCCO
NA UY
PANAMA
BA LAN
ROMANIA
SENEGAL
TÂY BAN NHA
VENEZUELA
VIỆT NAM

84 - Geometria

T	I	T	K	B	Y	N	V	H	T	Đ	N	R	D	H	D
R	M	H	B	Í	M	O	T	Ợ	Y	Ố	Ệ	L	Ỷ	T	Q
U	L	D	V	U	C	L	L	P	D	I	N	Q	P	Í	G
N	D	A	P	P	M	H	O	L	R	X	G	R	C	N	G
G	N	A	G	N	V	Q	T	Ý	Y	Ứ	R	K	V	H	O
B	I	M	G	N	G	I	G	H	L	N	G	U	G	T	A
Ì	T	G	U	A	Y	N	U	K	Ư	G	N	G	N	O	C
N	Ò	R	T	G	N	Ò	V	Q	I	Ớ	O	T	O	Á	U
H	N	Ì	R	T	G	N	Ơ	Ư	H	P	C	Ố	S	N	Ề
Đ	Ư	Ờ	N	G	K	Í	N	H	T	R	G	G	G	L	I
T	H	Ẳ	N	G	Đ	Ứ	N	G	A	Y	N	K	N	Ó	H
H	Ọ	C	T	H	U	Y	Ế	T	M	L	Ờ	I	O	N	C
V	L	C	T	Ặ	N	D	V	V	G	H	Ư	U	S	M	Ú
V	N	D	Q	N	M	B	V	M	I	H	Đ	O	K	L	H
I	O	I	O	T	V	Ề	C	B	Á	A	A	K	Q	K	K
Q	R	L	N	V	Y	I	B	B	C	L	A	Q	V	C	I

CHIỀU CAO
GÓC
TÍNH TOÁN
VÒNG TRÒN
ĐƯỜNG CONG
ĐƯỜNG KÍNH
KÍCH THƯỚC
PHƯƠNG TRÌNH
HỢP LÝ
TRUNG BÌNH
SỐ
NGANG
SONG SONG
TỶ LỆ
KHÚC
ĐỐI XỨNG
BỀ MẶT
HỌC THUYẾT
TAM GIÁC
THẲNG ĐỨNG

85 - Edifici

H	U	Q	P	R	Q	A	M	Q	U	R	A	B	L	Q	R
V	K	O	K	A	C	A	B	I	N	Ạ	D	Ệ	Â	P	B
H	Y	L	Y	U	Ọ	Ọ	Ị	R	M	P	O	N	U	N	O
Đ	Q	Ề	N	C	H	À	H	N	Y	H	H	H	Đ	H	H
G	Ạ	U	L	A	I	G	T	G	D	Á	A	V	À	À	N
N	V	I	H	T	Ạ	R	U	N	N	T	O	I	I	M	Ô
R	O	M	S	Q	Đ	V	Ê	À	Ạ	Ờ	H	Ệ	M	Á	N
C	H	L	H	Ứ	M	H	I	T	S	V	Ư	N	B	Y	G
C	Q	M	K	O	Q	R	S	O	H	V	C	R	R	B	T
U	Q	H	U	Á	R	U	P	Ả	C	A	N	M	T	Y	R
V	H	B	H	X	V	C	Á	B	Á	U	B	H	U	L	Ạ
K	Ự	G	T	C	O	Y	V	N	H	L	V	C	L	A	I
D	Y	A	C	Ú	H	H	C	D	K	C	Ă	N	H	Ộ	V
D	N	T	B	T	H	Á	P	L	L	U	Q	D	G	K	L
U	B	D	N	Ý	S	Â	N	V	Ậ	N	Đ	Ộ	N	G	M
A	Y	V	A	K	Đ	À	I	Q	U	A	N	S	Á	T	G

ĐẠI SỨ QUÁN
CĂN HỘ
CABIN
NHÀ
LÂU ĐÀI
NHÀ MÁY
NÔNG TRẠI
VỰA
KHÁCH SẠN
BẢO TÀNG
BỆNH VIỆN
ĐÀI QUAN SÁT
KÝ TÚC XÁ
TRƯỜNG HỌC
SÂN VẬN ĐỘNG
SIÊU THỊ
RẠP HÁT
LỀU
THÁP
ĐẠI HỌC

86 - Malattia

D	V	Y	G	H	K	K	Q	K	V	D	T	C	Y	Ế	U
Y	I	O	D	K	K	M	D	N	I	D	Q	Q	H	R	Q
L	Ổ	T	O	R	Q	N	M	E	K	L	D	Y	Q	V	G
Â	H	M	R	M	O	V	D	Ỏ	H	G	H	U	I	K	U
Y	P	Ầ	G	U	U	L	V	H	U	N	N	Q	A	U	P
N	A	M	T	U	Y	M	L	K	Ẩ	Ụ	Í	Ơ	Y	A	C
H	H	B	R	I	T	Ề	Q	C	N	B	T	M	Ư	I	Ơ
I	T	Ệ	Ị	K	U	G	N	Ứ	Ị	D	N	H	T	X	T
Ễ	H	N	L	N	C	T	G	S	N	R	Ã	N	U	K	H
M	Ắ	H	I	H	C	Ị	D	N	Ễ	I	M	I	N	R	Ể
R	T	A	Ệ	Ô	Q	M	D	A	Y	M	V	I	Q	M	U
O	L	N	U	H	N	Ệ	B	A	Ữ	H	C	L	T	V	O
O	Ư	O	L	Ấ	H	Ộ	I	C	H	Ứ	N	G	U	K	I
B	N	L	M	P	B	R	M	A	N	I	L	V	H	C	Q
Q	G	B	B	L	L	U	N	Y	V	N	Q	D	V	I	R
R	U	V	I	Ê	M	P	Y	R	C	L	R	O	U	Q	D

BỤNG
DỊ ỨNG
VI KHUẨN
LÂY NHIỄM
CƠ THỂ
MÃN TÍNH
TIM
YẾU
DI TRUYỀN
CHỮA BỆNH
MIỄN DỊCH
VIÊM
THẮT LƯNG
XƯƠNG
MẦM BỆNH
PHỔI
HÔ HẤP
SỨC KHỎE
HỘI CHỨNG
TRỊ LIỆU

87 - Paesi #2

M	O	I	N	D	O	N	E	S	I	A	Y	Y	J	L	A
U	L	B	K	G	P	Q	O	C	I	X	E	M	A	I	L
P	P	U	B	O	R	D	À	N	T	C	L	Q	M	B	H
C	I	H	V	N	Q	B	L	U	I	V	V	N	A	E	P
N	A	D	U	S	O	P	D	N	A	L	E	R	I	R	P
E	C	A	D	K	D	U	Q	G	H	M	H	M	C	I	N
P	O	C	Y	Y	H	R	K	Y	Y	Ậ	K	T	A	A	V
A	Đ	O	M	C	N	R	O	R	C	B	T	L	G	L	N
L	A	I	P	O	I	H	T	E	A	N	U	B	N	I	I
R	N	P	A	K	I	S	T	A	N	I	K	N	Ả	G	G
H	M	Ạ	D	S	H	T	H	C	Q	P	N	R	L	N	E
L	Ạ	L	N	U	Y	D	Y	N	M	B	B	A	B	I	R
N	C	Y	A	V	V	R	N	H	C	L	U	P	B	K	I
U	H	H	G	K	N	B	I	P	I	H	U	A	M	R	A
D	B	R	U	D	Y	D	I	A	I	N	A	B	L	A	P
P	B	B	H	Q	L	R	P	O	D	L	I	H	B	T	O

ALBANIA
ĐAN MẠCH
ETHIOPIA
JAMAICA
NHẬT BẢN
HY LẠP
HAITI
INDONESIA
IRELAND
LÀO
LIBERIA
MEXICO
NEPAL
NIGERIA
PAKISTAN
NGA
SYRIA
SUDAN
UKRAINA
UGANDA

88 - Tipi di Capelli

D	T	P	C	Y	U	R	V	T	R	Ắ	N	G	N	Ở	M
A	C	D	C	R	H	T	Q	M	N	Q	Ị	E	B	P	Ề
M	Y	P	N	D	H	B	M	C	B	O	M	H	Đ	O	M
À	U	A	C	G	N	N	N	N	G	Ắ	N	M	U	G	G
U	T	U	T	L	O	U	Y	Ệ	V	H	Y	À	D	L	H
X	T	Ó	C	V	À	N	G	B	H	A	C	U	D	À	I
Á	B	K	P	P	O	M	T	G	B	N	A	N	G	A	D
M	N	H	A	N	L	B	D	V	L	M	V	Â	D	R	O
H	R	O	K	Q	Q	U	M	À	U	L	C	U	M	K	P
T	Y	P	Y	A	P	B	T	I	H	A	P	R	T	U	T
A	K	G	M	C	U	R	L	S	D	I	A	R	B	Y	H
X	N	H	N	Ạ	M	E	Ỏ	H	K	M	H	T	M	C	P
G	O	K	B	B	K	B	D	K	V	A	D	Ó	D	U	D
H	G	Ă	L	Q	U	G	T	H	A	I	I	A	I	D	O
T	Y	O	N	D	K	A	K	Ô	V	P	Y	Y	C	M	N
V	U	B	R	O	Q	K	C	B	M	N	D	P	G	I	R

BẠC
KHÔ
TRẮNG
TÓC VÀNG
NGẮN
HÓI
MÀU
MÀU XÁM
BỆN
MỊN
DÀI
MÀU NÂU
MỀM
ĐEN
XOĂN
CURLS
KHỎE MẠNH
MỎNG
DÀY
BRAIDS

89 - Vestiti

V	Q	U	Ầ	N	J	E	A	N	M	Ă	L	T	M	L	N
K	Ò	T	H	L	H	O	G	R	C	N	E	L	O	Á	P
D	I	N	Á	I	M	Ơ	S	O	Á	Ầ	P	O	H	D	A
K	O	K	G	O	Ũ	D	U	B	O	U	Q	Y	C	I	J
N	G	N	N	T	K	A	G	A	C	Q	Y	V	C	L	A
C	K	M	Ư	K	A	H	Y	R	Á	G	R	O	Y	I	M
V	Á	Y	L	H	R	Y	O	U	N	U	U	A	U	V	A
U	T	À	T	Ă	K	A	U	Á	H	N	B	N	P	A	H
U	O	I	Ắ	N	Q	T	K	C	C	D	R	I	H	B	V
R	C	G	H	Q	C	G	N	A	R	T	I	Ờ	H	T	P
H	A	O	T	U	V	N	B	L	V	Ò	N	G	C	Ổ	V
H	L	N	M	À	I	Ă	A	O	O	D	N	T	O	U	Ớ
N	A	H	Y	N	Y	G	O	A	T	O	A	Ạ	P	H	T
A	N	L	N	G	P	O	G	O	R	U	D	P	R	A	N
A	Q	C	M	C	G	U	U	A	T	K	É	D	A	O	Y
Q	D	V	V	Ổ	G	A	T	N	V	V	P	Ề	R	Y	Y

ĂN
VÒNG TAY
VỚ
ÁO CÁNH
ÁO SƠ MI
MŨ
THẮT LƯNG
VÒNG CỔ
ÁO KHOÁC
VÁY
TẠP DỀ
GĂNG TAY
QUẦN JEAN
ÁO LEN
THỜI TRANG
QUẦN
PAJAMA
DÉP
GIÀY
KHĂN QUÀNG CỔ

90 - Attività e Tempo Libero

B	R	C	Q	B	C	Â	U	C	Á	L	I	N	D	M	V
Ó	K	N	U	Ứ	L	R	U	G	Đ	Ư	B	G	U	Y	O
N	T	C	Y	C	C	Ặ	O	P	G	Ớ	B	H	L	K	H
G	A	T	Ề	T	Q	N	N	V	N	T	T	Ệ	Ị	T	R
R	K	M	N	R	C	U	K	U	Ó	U	H	T	C	O	R
Ổ	K	Q	A	A	B	Ắ	K	C	B	B	Ư	H	H	Q	Y
N	R	K	N	N	M	Ó	M	M	V	L	G	U	D	A	V
K	T	U	H	H	T	K	N	T	N	Q	I	Ậ	M	D	P
B	Ó	N	G	C	H	À	Y	G	R	N	Ã	T	L	B	G
Q	M	Ờ	U	H	P	A	T	R	C	Ạ	N	I	D	Ơ	O
U	Y	Ư	S	Ở	T	H	Í	C	H	H	I	Y	V	I	L
Ầ	C	V	A	A	P	V	D	Y	O	R	U	K	G	L	Q
N	A	M	Ắ	S	A	U	M	K	Y	Q	O	Y	D	Ộ	K
V	T	À	N	D	C	B	P	L	R	T	B	O	Ề	I	L
Ợ	F	L	O	G	G	Y	K	B	K	Y	H	U	Y	N	M
T	G	N	U	V	A	C	Y	K	A	Q	T	R	I	K	K

NGHỆ THUẬT
BÓNG CHÀY
BÓNG RỔ
QUYỀN ANH
BÓNG ĐÁ
CẮM TRẠI
LÀM VƯỜN
GOLF
SỞ THÍCH
LẶN

BƠI LỘI
BÓNG CHUYỀN
CÂU CÁ
BỨC TRANH
THƯ GIÃN
MUA SẮM
LƯỚT
QUẦN VỢT
DU LỊCH

91 - Tecnologia

N	H	V	T	O	N	D	N	G	B	M	V	V	U	I	V
Q	K	D	R	D	G	I	Ữ	U	R	Y	O	I	R	B	N
L	L	C	Ì	U	H	Ộ	T	L	V	D	U	R	R	D	L
C	H	Ữ	N	M	I	N	V	P	I	C	L	Ú	T	O	C
R	C	I	H	B	Ê	H	B	A	Ậ	Ệ	I	T	N	R	D
V	P	A	D	H	N	I	N	N	A	T	U	B	K	A	Q
R	Y	L	U	O	C	U	À	O	T	L	Q	L	K	P	P
M	Ả	K	Y	O	Ứ	T	M	I	C	L	L	O	Ỹ	C	Ệ
Á	O	K	Ệ	V	U	Y	H	T	E	N	R	E	T	N	I
Y	Ở	R	T	N	O	C	K	Ố	T	I	R	D	H	A	Đ
T	P	A	L	T	I	B	B	N	N	V	C	B	U	M	G
Í	U	M	B	N	V	L	C	M	M	G	G	T	Ậ	V	N
N	G	M	M	I	I	U	L	N	M	M	K	A	T	N	Ô
H	H	D	H	R	B	O	H	R	M	Y	Y	Ê	S	C	H
P	H	Ầ	N	M	Ề	M	B	L	O	G	G	C	Ố	K	T
D	T	R	K	M	Á	Y	Ả	N	H	V	L	H	P	T	M

BLOG
TRÌNH DUYỆT
NỘI
MÁY TÍNH
CON TRỎ
DỮ LIỆU
KỸ THUẬT SỐ
TẬP TIN
CHỮ
INTERNET
THÔNG ĐIỆP
NGHIÊN CỨU
MÀN
AN NINH
PHẦN MỀM
THỐNG KÊ
MÁY ẢNH
ẢO
VI RÚT

92 - Meteo

G	S	N	T	H	Ạ	N	H	Á	N	L	C	C	Y	C	M
T	É	D	R	U	Q	R	L	D	A	Ố	Ơ	Ầ	G	I	Ó
Y	T	I	Ờ	R	T	U	Ầ	B	U	C	N	U	C	O	R
C	Đ	Ớ	M	L	M	V	R	G	B	X	B	V	R	L	C
V	Á	Đ	C	Ớ	Ư	N	L	K	A	O	Ã	Ồ	B	Q	Y
Q	M	T	N	C	T	R	Q	N	L	Á	O	N	U	O	N
R	M	Ệ	Y	H	V	T	K	L	G	Y	Y	G	S	K	U
D	Â	I	C	P	I	S	Ư	Ơ	N	G	M	Ù	Ấ	H	O
Í	Y	H	R	R	B	Ệ	Ẩ	M	Ư	Ớ	T	G	M	Í	M
H	D	N	T	Q	T	Q	T	L	C	D	G	P	S	H	R
K	K	B	O	M	C	Ự	C	Đ	O	M	I	O	É	Ậ	T
G	I	Ó	M	Ù	A	T	H	C	Ộ	Y	T	N	T	U	V
N	T	G	D	Q	G	Y	C	B	Ã	O	T	Á	P	A	Y
Ô	G	G	K	Y	Q	P	B	R	M	K	H	O	G	K	Q
H	H	Y	H	L	T	G	D	P	O	Q	D	H	N	U	K
K	P	T	Ô	U	R	G	I	P	T	K	T	C	R	V	Y

CẦU VỒNG
KHÔ
KHÔNG KHÍ
BẦU TRỜI
KHÍ HẬU
SÉT
NƯỚC ĐÁ
GIÓ MÙA
SƯƠNG MÙ
ĐÁM MÂY
CỰC
HẠN HÁN
NHIỆT ĐỘ
BÃO TÁP
LỐC XOÁY
NHIỆT ĐỚI
SẤM SÉT
ẨM ƯỚT
CƠN BÃO
GIÓ

93 - Corpo Umano

D	Đ	C	O	Q	Q	R	Y	K	R	K	K	T	H	R	I
C	Ầ	R	Q	R	T	D	Y	H	O	L	T	C	N	C	D
R	U	Ầ	Đ	R	D	N	M	Q	V	H	R	B	Y	R	I
G	G	N	Ụ	B	V	D	H	A	V	U	T	N	P	V	C
P	Ố	G	Q	M	P	T	B	G	L	O	O	R	A	O	K
L	I	A	V	M	V	L	N	M	I	A	K	Y	T	K	V
B	L	D	G	U	T	P	Y	K	I	B	L	B	K	V	N
N	A	T	M	K	M	N	A	H	B	O	P	D	V	G	R
Y	R	I	I	I	K	I	T	U	T	A	I	D	L	T	K
Á	H	P	T	U	Ệ	G	N	Ỷ	Y	Ặ	Ũ	V	D	H	L
C	Ó	O	O	H	N	N	Ó	U	L	B	M	Q	U	Y	D
T	H	K	P	P	V	C	G	T	Ắ	M	D	I	Q	O	C
Ắ	N	Â	C	D	Y	O	N	A	C	Ằ	M	L	Ố	D	G
M	Q	O	N	M	Á	U	G	Y	A	T	T	M	P	Đ	O
U	N	R	D	B	B	K	P	A	Y	V	L	T	C	G	K
Q	U	I	P	R	C	T	Y	K	P	K	C	Ổ	Q	I	B

MIỆNG
MẮT CÁ
ÓC
CỔ
TIM
NGÓN TAY
ĐỐI MẶT
CHÂN
ĐẦU GỐI
KHUỶU TAY

TAY
CẰM
MŨI
MẮT
TAI
DA
MÁU
VAI
BỤNG
ĐẦU

94 - Mammiferi

D	K	Y	N	G	H	C	V	R	H	C	B	P	K	A	R
C	A	O	G	Ấ	Ư	R	R	H	U	R	Ừ	R	Y	P	Ó
O	Á	Ỏ	Ự	U	Ơ	N	Y	A	T	U	A	U	Ơ	Ư	H
N	C	H	A	O	U	G	H	C	C	A	Y	H	U	B	C
G	H	T	E	I	C	Ự	H	H	O	È	M	N	O	C	P
U	V	O	T	O	A	A	P	Ó	Y	O	M	B	N	U	L
Y	Y	D	D	V	O	V	Y	S	O	O	R	H	K	K	A
G	U	V	O	Á	C	Ằ	R	Ó	T	R	A	U	P	H	A
L	A	K	M	C	Ổ	N	U	I	E	A	R	G	Q	A	Y
D	P	V	V	V	N	O	O	O	N	G	T	N	B	B	U
G	L	Q	H	B	C	C	I	V	B	N	R	Y	P	R	U
N	M	L	R	N	U	B	D	N	Q	A	V	Y	Q	N	Ử
B	K	B	P	V	Y	Ò	O	O	Q	K	H	Ỉ	Đ	Ộ	T
T	P	I	G	C	U	Đ	V	C	M	T	G	B	D	D	Ư
U	P	A	K	H	Ỉ	Ự	K	A	U	N	D	G	H	O	S
H	K	U	D	B	P	C	D	Q	D	I	R	M	P	I	T

CÁ VOI
CHÓ
KANGAROO
NGỰA
HƯƠU
THỎ
COYOTE
CÁ HEO
CON VOI
CON MÈO
HƯƠU CAO CỔ
KHỈ ĐỘT
SƯ TỬ
CHÓ SÓI
GẤU
CỪU
KHỈ
BÒ ĐỰC
CÁO
NGỰA VẰN

95 - Jazz

K	M	K	N	H	N	O	H	Q	T	B	D	N	G	N	B
N	Ỹ	G	R	Q	A	U	B	L	I	À	P	C	I	H	U
Q	H	T	H	Ũ	R	G	N	Ă	N	I	À	T	M	À	Ổ
R	M	Ị	H	C	Á	C	G	N	O	H	P	T	O	S	I
M	L	U	P	U	G	N	Ứ	H	U	Á	M	R	A	O	H
R	Y	P	N	C	Ậ	D	H	T	N	T	V	Ố	L	Ạ	Ò
N	G	H	Ệ	S	Ĩ	T	N	Ấ	M	N	B	N	B	N	A
T	H	À	N	H	P	H	Ầ	N	N	P	Y	G	U	N	N
D	À	N	N	H	Ạ	C	N	I	U	M	M	G	M	H	H
Y	Ê	U	T	H	Í	C	H	O	H	N	Ạ	G	Q	Ạ	Ạ
D	D	L	L	H	R	K	L	L	H	Ổ	V	N	P	C	C
L	K	M	L	D	T	P	D	B	N	I	L	U	H	Ạ	R
Y	Y	T	G	M	C	R	B	P	R	D	U	T	I	H	T
N	L	L	U	B	G	O	K	Y	N	A	M	L	I	N	Q
T	I	C	T	H	Ể	L	O	Ạ	I	N	Ớ	U	O	M	T
C	T	K	R	I	C	B	N	T	A	H	I	O	D	Â	U

ALBUM
NGHỆ SĨ
TRỐNG
BÀI HÁT
NHÀ SOẠN NHẠC
THÀNH PHẦN
BUỔI HÒA NHẠC
NHẤN MẠNH
NỔI DANH
THỂ LOẠI
HỨNG
ÂM NHẠC
MỚI
DÀN NHẠC
YÊU THÍCH
NHỊP
PHONG CÁCH
TÀI NĂNG
KỸ THUẬT
CŨ

96 - Vacanze #2

G	L	O	A	R	B	H	B	T	Đ	V	U	K	R	P	Q
N	I	T	U	K	Ả	L	L	K	O	I	P	T	Y	R	N
G	Ạ	Ả	Ế	O	N	Ể	I	B	O	V	Ể	P	N	Ú	I
O	R	P	I	A	Đ	P	U	M	I	H	S	M	B	K	I
Ạ	T	Q	H	T	Ồ	G	Ề	T	H	O	Â	U	Đ	C	B
I	M	A	C	Y	R	Ễ	L	Y	À	G	N	V	N	Ế	N
Q	Ắ	M	Ộ	N	Q	Í	L	U	D	B	B	L	M	Y	N
U	C	Ự	H	T	Ị	H	T	O	C	D	A	Ử	L	E	X
Ố	B	L	N	Ạ	S	H	C	Á	H	K	Y	H	I	Q	E
C	B	I	Ả	H	À	N	H	T	R	Ì	N	H	Q	G	T
B	G	Ã	Q	A	O	R	O	I	G	T	Q	Đ	Ả	O	Ắ
B	B	K	I	L	M	D	K	Y	A	D	V	M	H	D	C
M	A	L	L	B	R	Q	N	N	Q	V	Y	H	P	K	X
R	V	G	O	D	I	T	U	O	G	Q	L	L	K	K	I
N	I	O	Y	Q	H	Ể	D	U	I	A	P	N	A	K	B
P	B	M	Y	Q	U	N	N	Ể	Y	U	H	C	N	Ậ	V

SÂN BAY
CẮM TRẠI
ĐIỂM ĐẾN
ẢNH
KHÁCH SẠN
ĐẢO
BẢN ĐỒ
BIỂN
NÚI
HỘ CHIẾU
BÃI BIỂN
NGOẠI QUỐC
XE TẮC XI
GIẢI TRÍ
LỀU
VẬN CHUYỂN
XE LỬA
NGÀY LỄ
HÀNH TRÌNH
THỊ THỰC

97 - Attività

C	V	L	M	N	Ắ	B	N	Ă	S	C	Ọ	Đ	Q	M	N
N	V	T	Ậ	U	H	T	Ệ	H	G	N	Â	P	L	P	L
N	U	Ậ	A	U	N	I	D	P	H	H	G	U	P	L	V
L	D	U	T	I	A	T	Ế	G	O	P	I	U	Đ	L	Q
D	K	H	V	D	R	H	M	P	V	N	T	D	M	Ố	U
K	K	T	V	I	T	P	À	D	Ả	C	K	H	D	Q	B
Ỹ	Y	A	M	C	C	V	H	I	D	N	K	V	U	Q	N
N	L	M	Y	P	Ứ	Đ	A	N	L	A	H	C	C	C	B
Ă	L	L	U	P	B	I	Ơ	H	C	Ò	R	T	C	N	L
N	A	B	R	C	I	V	Q	K	P	Q	N	H	N	H	B
G	N	Ộ	Đ	T	Ạ	O	H	U	T	V	U	G	D	T	Y
U	D	V	V	K	R	G	I	Ả	I	T	R	Í	Q	A	R
C	Â	U	C	Á	T	O	I	P	Q	I	R	Y	D	G	C
R	G	T	H	P	M	A	O	L	À	M	V	Ư	Ờ	N	G
V	T	K	H	Q	Ắ	T	H	Ư	G	I	Ã	N	O	N	G
O	O	G	N	Ô	C	Ủ	H	T	Ồ	Đ	O	D	A	V	T

KỸ NĂNG
NGHỆ THUẬT
ĐỒ THỦ CÔNG
HOẠT ĐỘNG
SĂN BẮN
CẮM TRẠI
MAY
NHIẾP ẢNH
LÀM VƯỜN
TRÒ CHƠI
ĐỌC
MA THUẬT
ĐAN
CÂU CÁ
HÀI LÒNG
BỨC TRANH
CÂU ĐỐ
THƯ GIÃN
GIẢI TRÍ

98 - Diplomazia

O	T	D	V	H	Q	T	D	C	I	V	I	C	N	P	X
U	M	N	D	Y	N	T	Y	Ị	Ộ	H	L	G	O	Q	U
V	T	O	L	B	Ậ	G	G	R	G	N	Ấ	V	Ố	C	N
N	G	H	Ị	Q	U	Y	Ế	T	I	I	G	G	O	Y	G
Đ	D	U	C	R	L	Y	Q	H	Ả	N	H	Đ	A	V	Đ
S	Ạ	Q	U	V	O	G	L	N	I	N	Ợ	N	Ồ	K	Ộ
Ự	B	I	K	P	Ả	A	P	Í	P	A	P	G	U	N	T
C	T	H	S	T	H	R	I	H	H	Q	T	O	B	Â	G
Ô	Q	M	D	Ứ	T	P	U	C	Á	O	Á	Ạ	Y	D	D
N	A	P	M	H	Q	N	T	N	P	O	C	I	G	G	U
G	M	R	K	U	Y	U	G	Ẹ	M	I	M	G	U	N	A
B	D	I	Y	Q	Y	G	Á	V	A	C	N	I	L	Ô	O
Ằ	T	B	D	Ủ	H	P	H	N	Í	H	C	A	Y	C	V
N	H	I	Ệ	P	Ư	Ớ	C	À	K	D	B	O	R	H	A
G	U	H	H	K	N	H	T	O	N	H	Â	N	Đ	Ạ	O
Đ	Ạ	I	S	Ứ	I	R	G	T	Đ	Ạ	O	Đ	Ứ	C	U

ĐẠI SỨ QUÁN
ĐẠI SỨ
CÔNG DÂN
CIVIC
CỘNG ĐỒNG
XUNG ĐỘT
CỐ VẤN
HỢP TÁC
NGOẠI GIAO
THẢO LUẬN
ĐẠO ĐỨC
SỰ CÔNG BẰNG
CHÍNH PHỦ
TOÀN VẸN
CHÍNH TRỊ
NGHỊ QUYẾT
AN NINH
GIẢI PHÁP
HIỆP ƯỚC
NHÂN ĐẠO

99 - Forniture Artistiche

C	D	C	Đ	B	O	G	M	U	T	K	C	U	Y	V	A
N	T	B	Ấ	Ú	M	À	U	S	Ắ	C	T	T	O	T	C
O	U	P	T	T	N	B	M	U	E	A	S	E	L	N	R
L	H	U	S	C	Ý	T	Ư	Ở	N	G	L	L	B	D	Y
M	Ự	C	É	H	Ớ	M	C	N	À	N	E	M	À	Ầ	L
O	N	B	T	Ì	D	Ư	À	I	B	T	T	K	N	U	I
K	U	B	R	Q	M	C	N	U	Q	C	S	N	C	H	C
E	Y	M	B	H	P	O	A	T	N	M	A	Ế	H	G	P
O	Ạ	T	G	N	Á	S	H	A	Ẩ	Ư	P	R	Ả	K	I
D	Y	V	I	Ả	Q	D	T	V	Q	Y	Ớ	R	I	M	B
Q	O	M	K	Y	M	M	N	Y	B	D	M	C	V	M	P
K	I	Q	A	Á	A	Q	H	V	H	A	D	D	U	M	G
K	M	C	A	M	B	N	M	V	U	U	H	K	V	K	I
A	B	R	C	C	U	K	C	L	T	V	M	B	M	O	Ấ
U	B	U	A	A	R	M	I	U	P	N	K	Y	Y	R	Y
A	M	M	U	A	M	R	K	K	H	P	N	L	N	N	R

NƯỚC
MÀU NƯỚC
ACRYLIC
ĐẤT SÉT
THAN
GIẤY
EASEL
KEO
MÀU SẮC
SÁNG TẠO
TẨY
Ý TƯỞNG
MỰC
BÚT CHÌ
DẦU
PASTELS
GHẾ
BÀN CHẢI
BÀN
MÁY ẢNH

100 - Misurazioni

K	K	I	L	Ô	G	A	M	C	B	C	U	M	C	I	G
K	H	C	U	Q	G	H	D	H	K	I	C	H	H	T	E
P	I	Ố	O	P	R	A	G	I	À	D	U	Ề	I	H	C
H	Q	L	I	M	A	C	H	Ề	R	P	G	T	Ề	V	N
Ú	A	Q	Ô	L	M	C	O	U	Â	S	Ộ	Đ	U	A	U
T	N	A	R	M	Ư	N	T	C	D	T	V	R	R	D	O
H	K	O	A	Y	É	Ợ	R	A	I	B	O	H	Ộ	N	T
C	R	H	U	Y	V	T	N	O	N	H	N	Y	N	T	H
O	K	I	L	O	G	B	Ấ	G	C	Y	B	H	G	O	Ậ
B	Y	T	E	R	Q	U	T	Q	H	C	Y	A	R	N	P
C	E	N	T	I	M	E	T	Í	G	Â	T	P	C	Y	P
T	R	Ì	N	H	Đ	Ộ	K	D	L	N	A	P	G	U	H
D	Q	L	M	G	B	U	O	R	G	N	Ợ	Ư	L	M	Â
B	B	L	É	A	M	Q	O	Y	I	Ặ	K	U	H	A	N
L	Q	B	T	Q	N	G	K	N	M	N	R	A	L	N	C
T	B	B	A	R	A	R	L	I	U	G	M	K	C	A	V

CHIỀU CAO
BYTE
CENTIMET
KILÔGAM
KILÔMÉT
THẬP PHÂN
TRÌNH ĐỘ
GRAM
CHIỀU RỘNG
LÍT
CHIỀU DÀI
KHỐI LƯỢNG
MÉT
PHÚT
OUNCE
CÂN NẶNG
INCH
ĐỘ SÂU
TẤN
ÂM LƯỢNG

1 - Scacchi

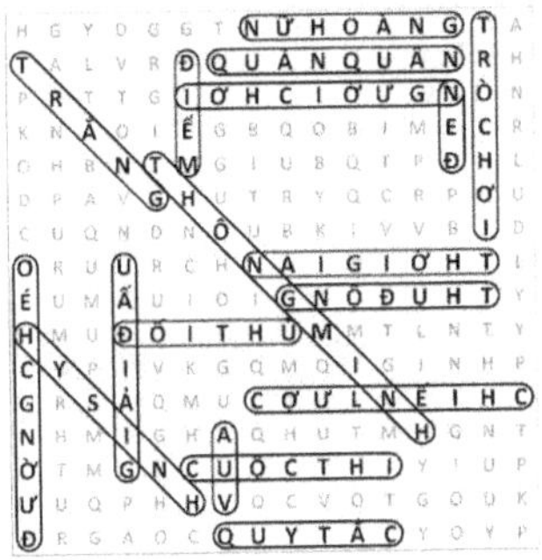

2 - Salute e Benessere #2

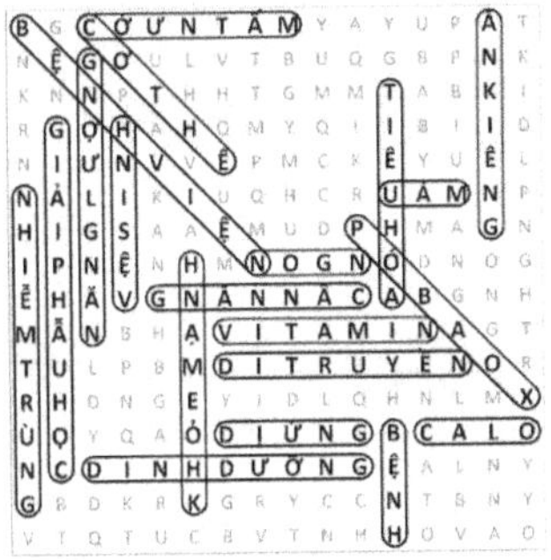

3 - Aggettivi #2

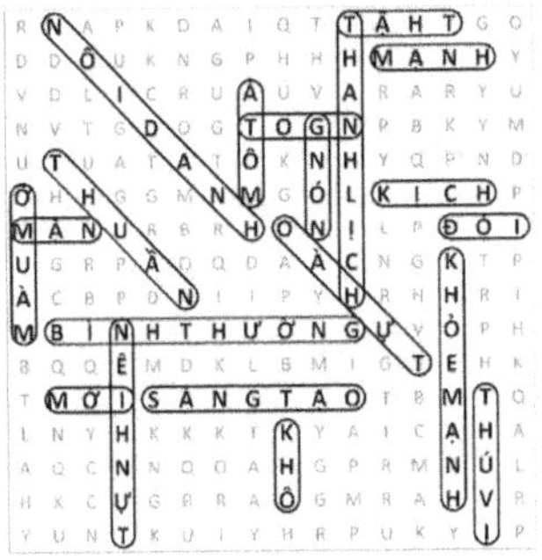

4 - Pesca

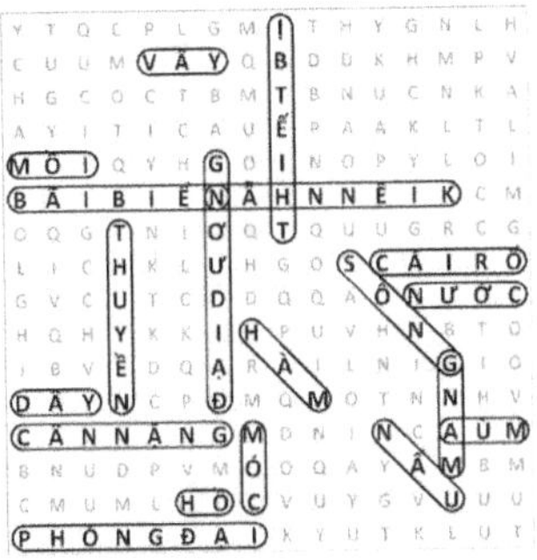

5 - Ingegneria

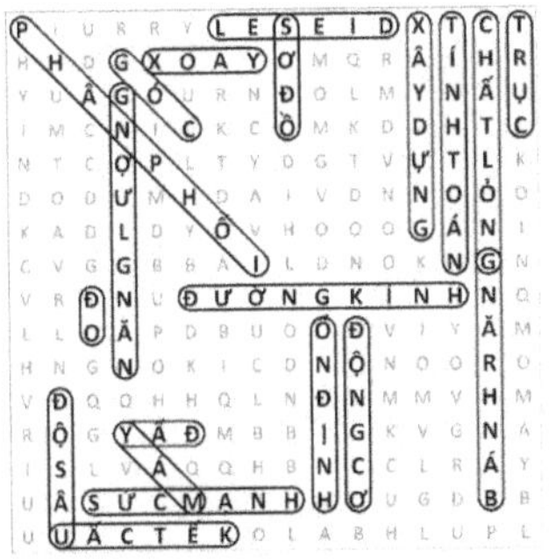

6 - Archeologia

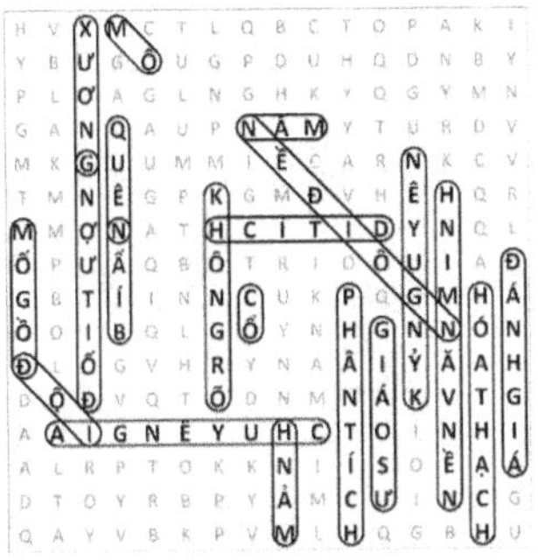

7 - Salute e Benessere #1

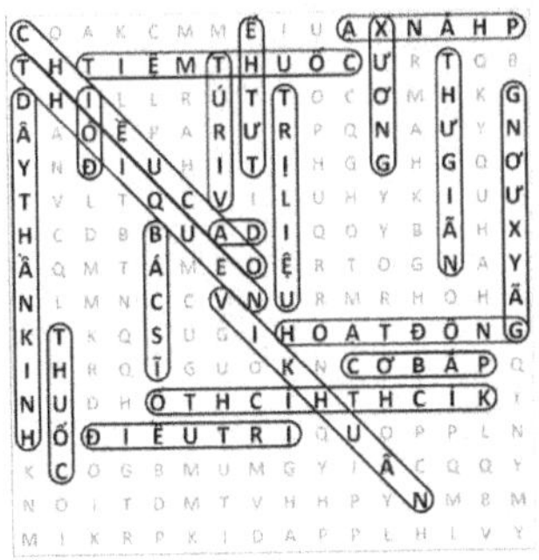

8 - Aggettivi #1

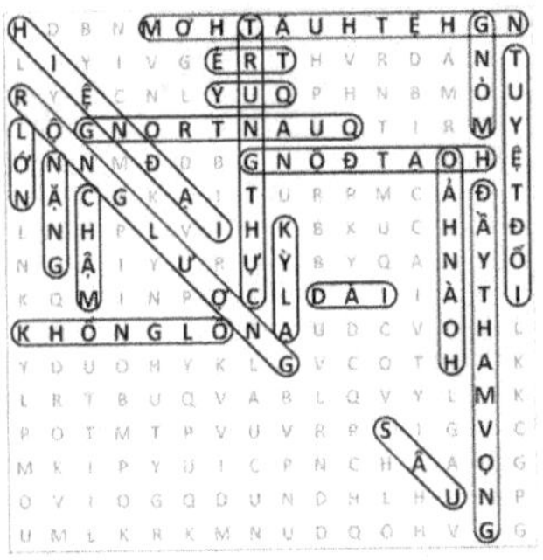

9 - Geologia

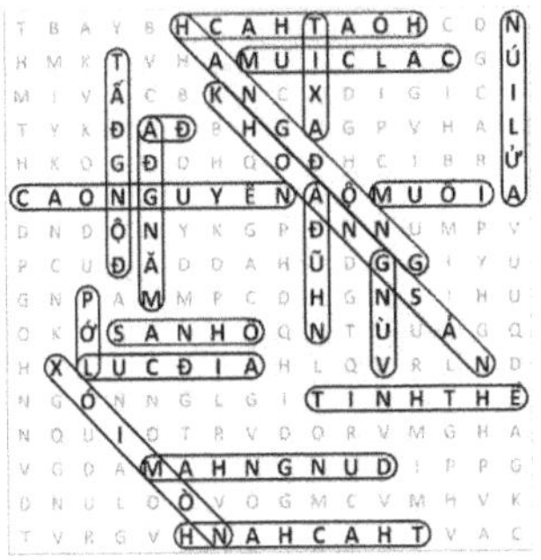

10 - Campeggio

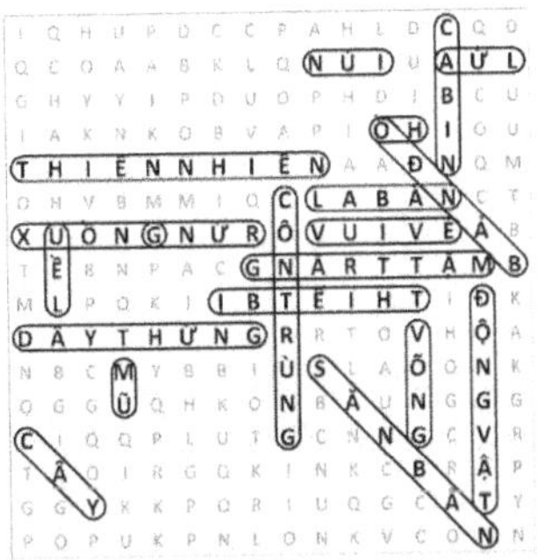

11 - Arti Visive

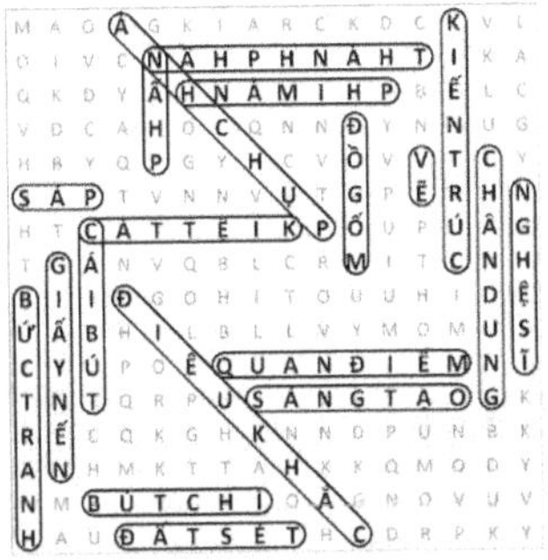

12 - Tempo

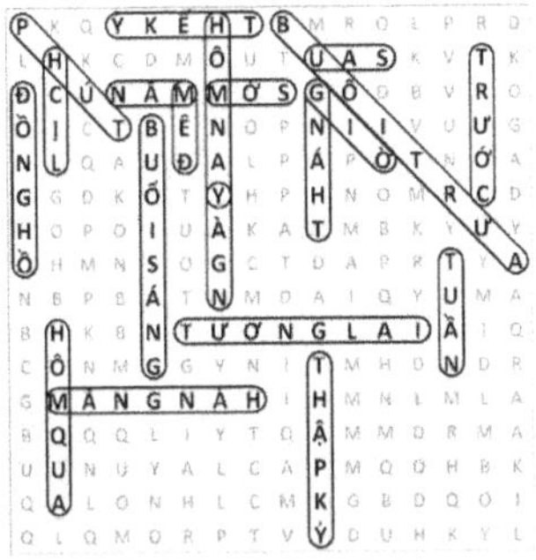

13 - Astronomia

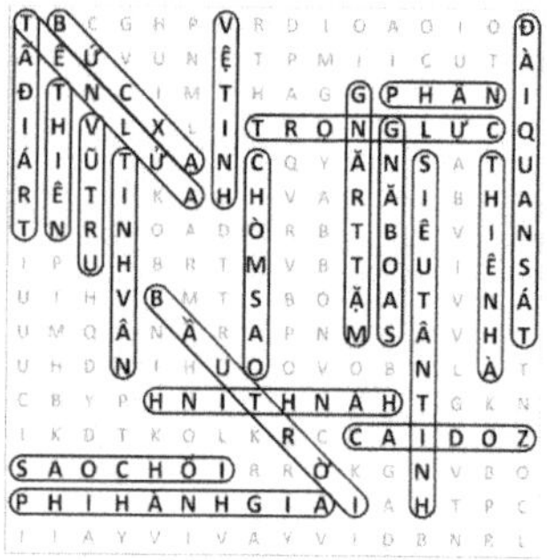

14 - Algebra

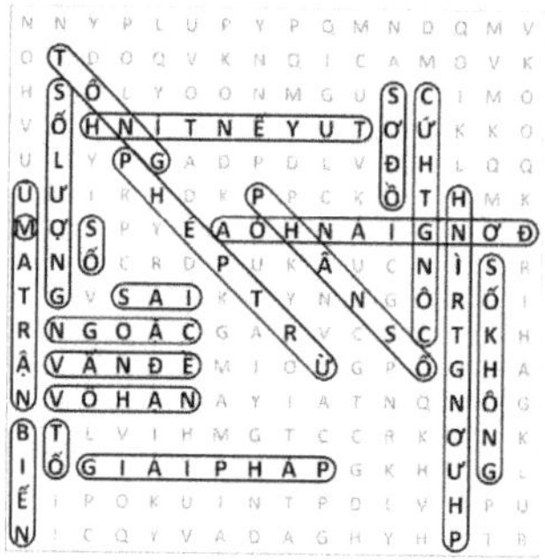

15 - Mitologia

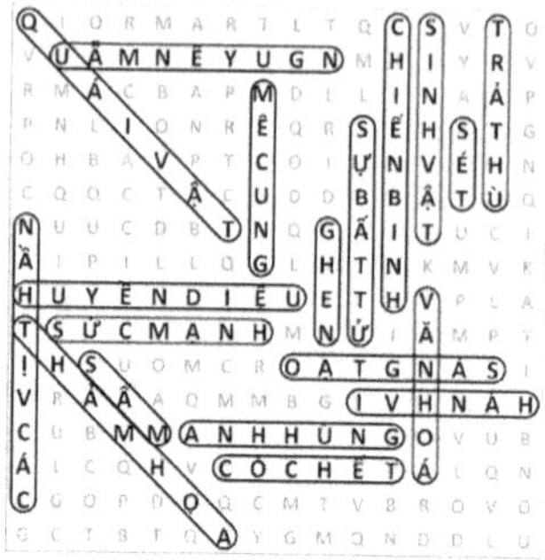

16 - Piante

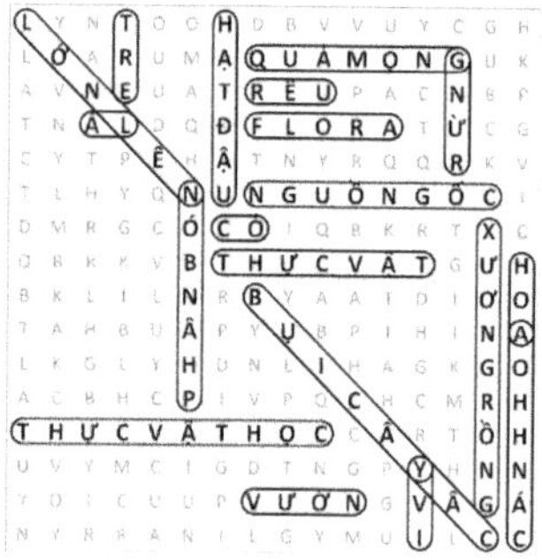

17 - Spezie

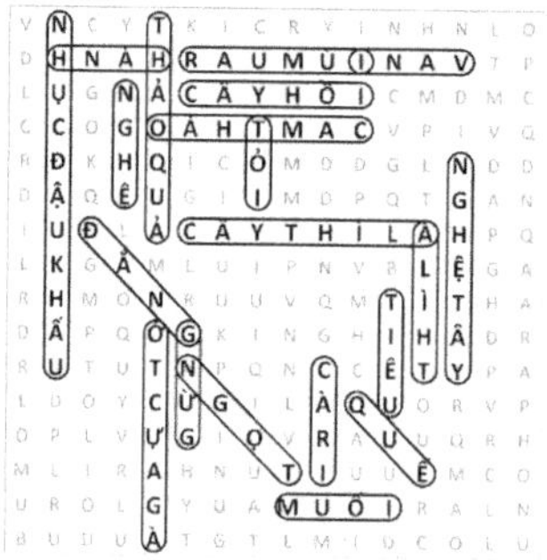

18 - Numeri

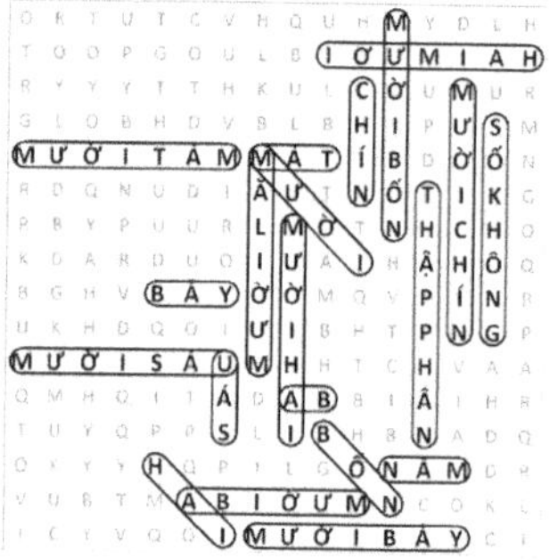

19 - Cioccolato

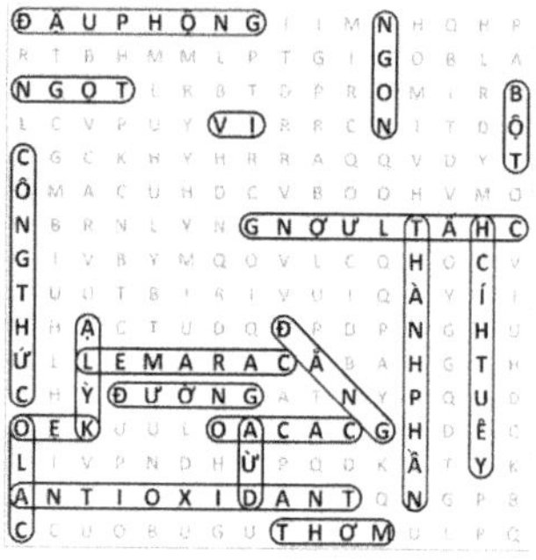

20 - Guida

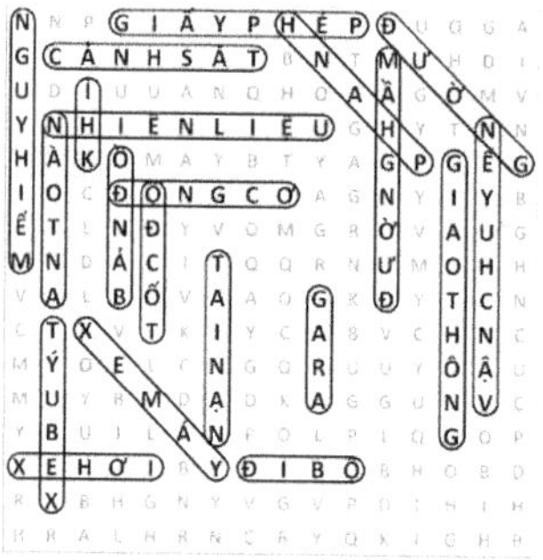

21 - I Media

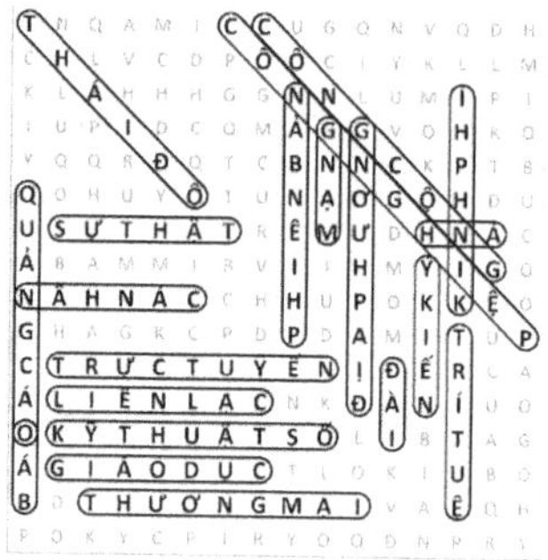

22 - Forza e Gravità

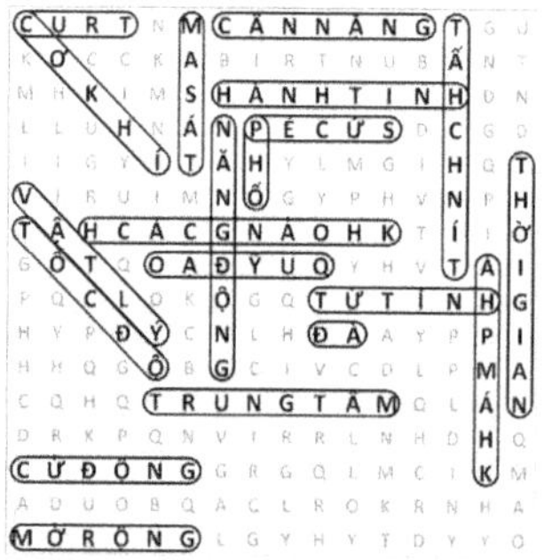

23 - Caffè

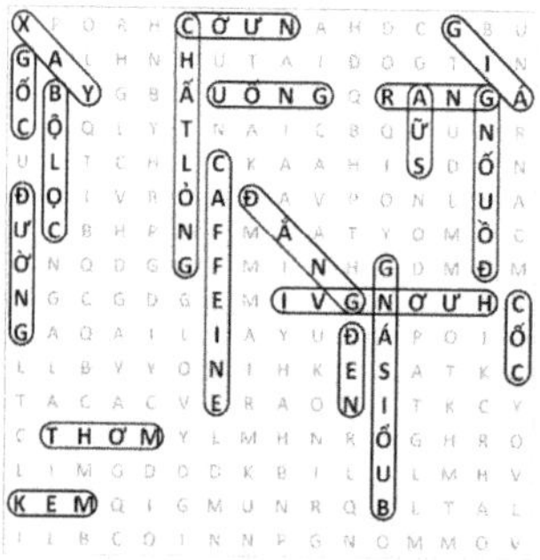

24 - Uccelli

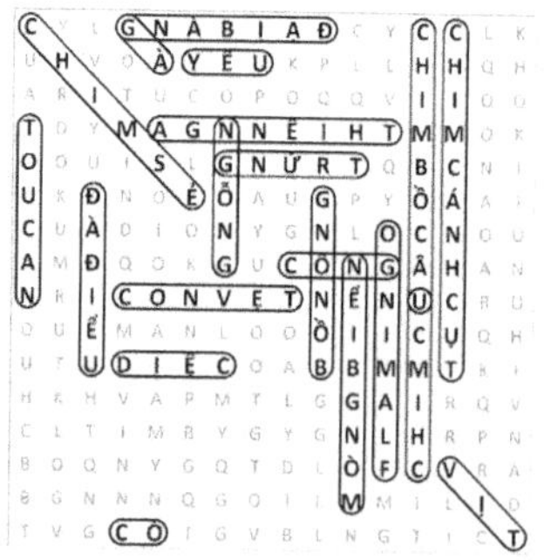

25 - Giorni e Mesi

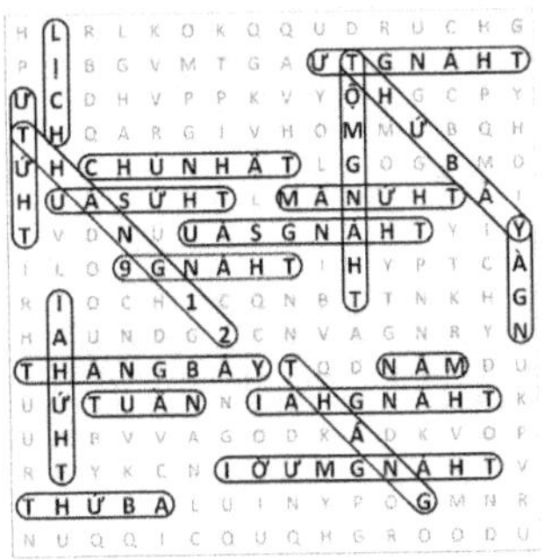

26 - Casa

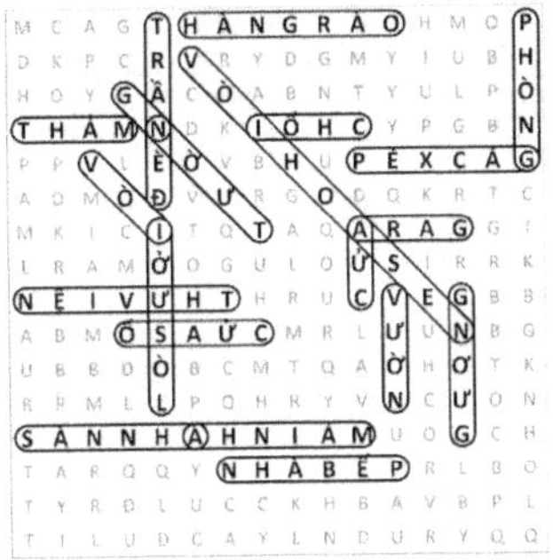

27 - Fantascienza

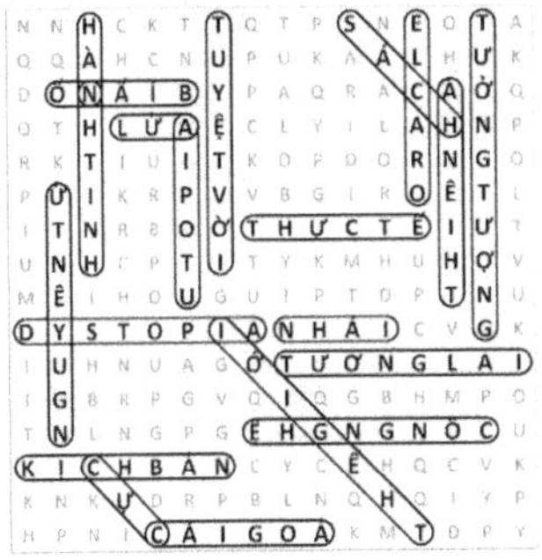

28 - Fattoria #1

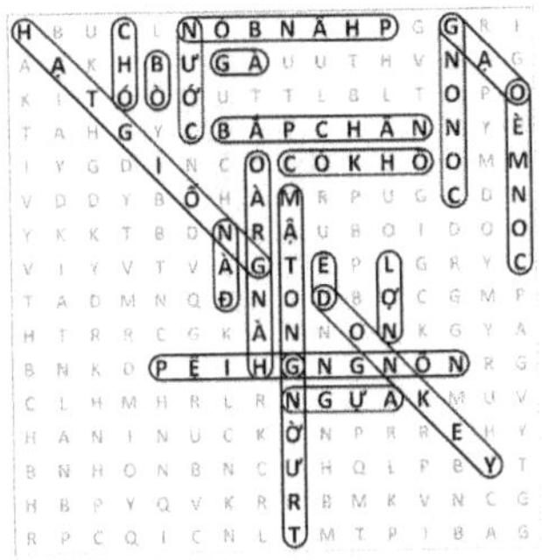

29 - Psicologia

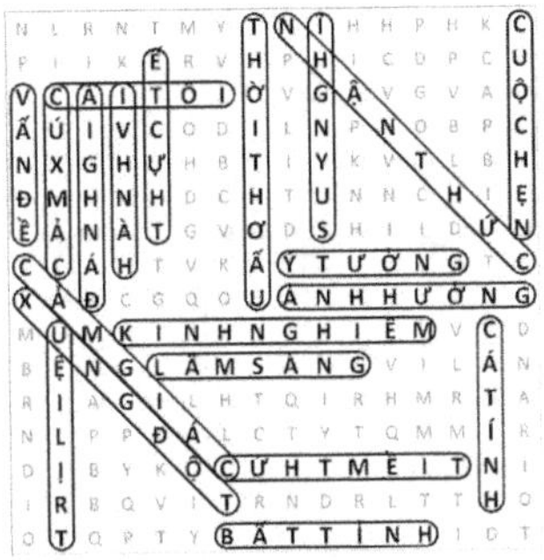

30 - Paesaggi

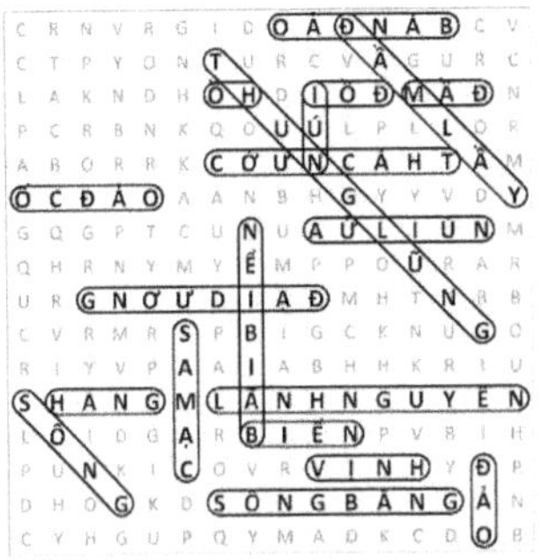

31 - Energia

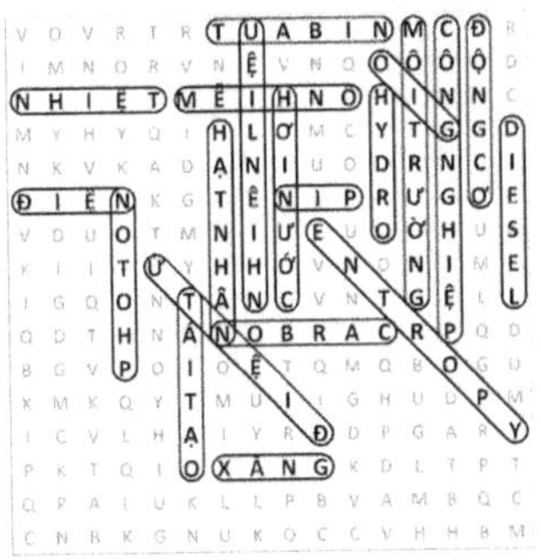

32 - Ristorante #2

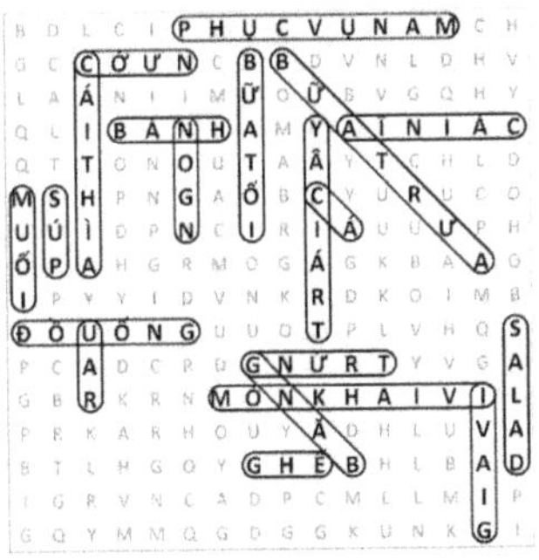

33 - Moda

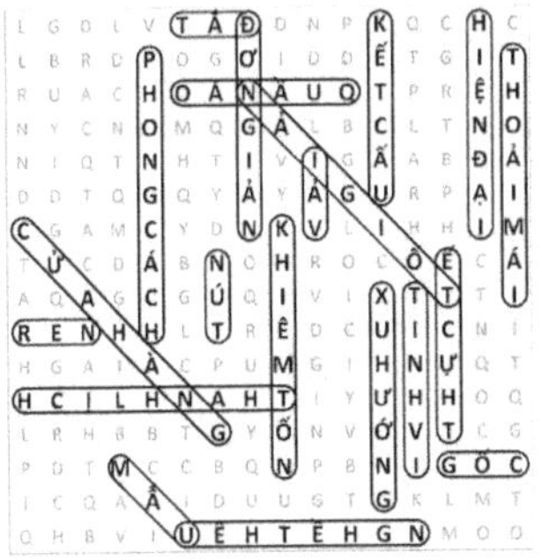

34 - L'Azienda

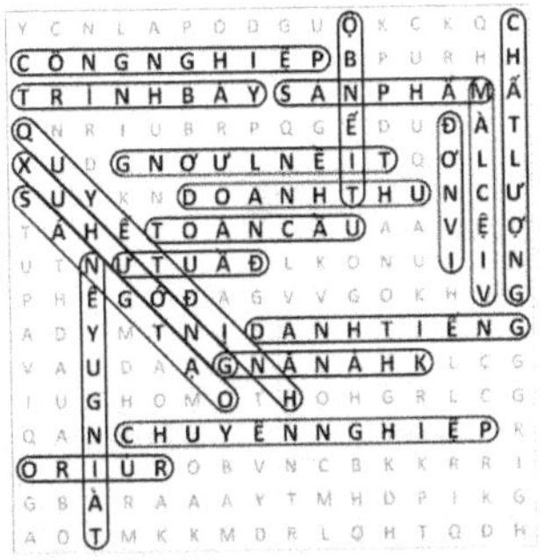

35 - Giardino

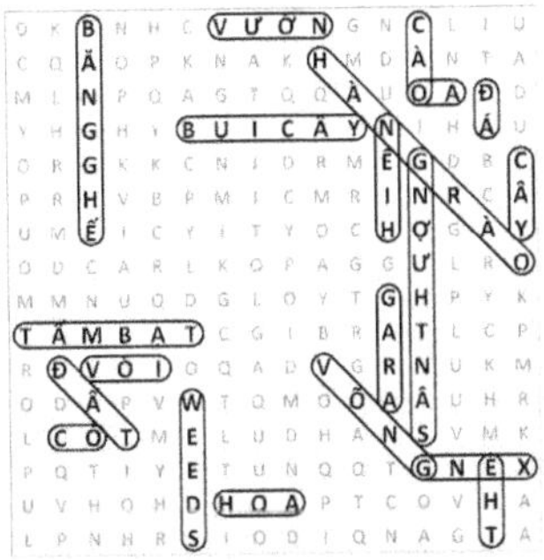

36 - Riscaldamento Gl

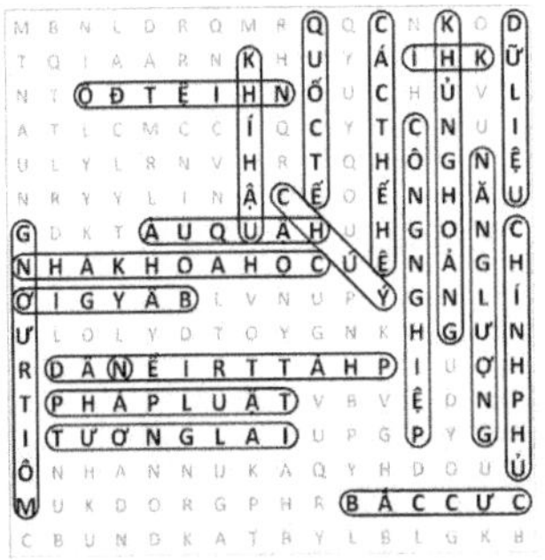

37 - Frutta

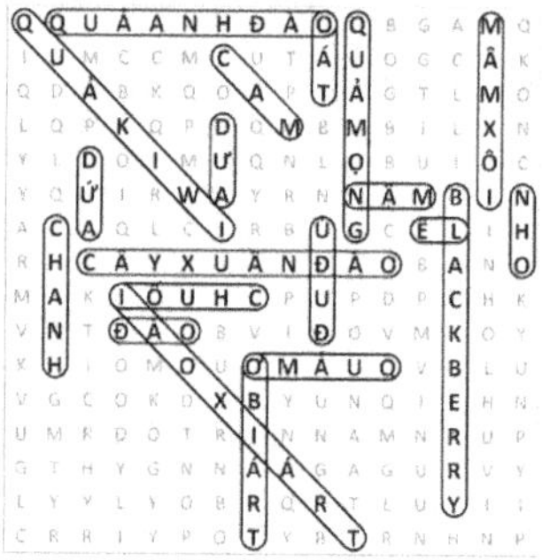

38 - Fattoria #2

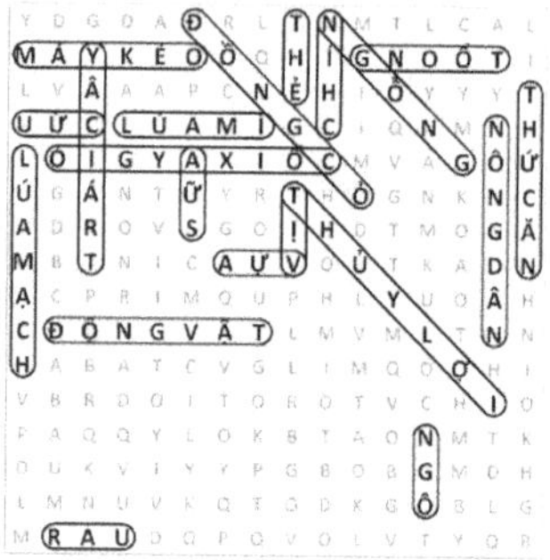

39 - Verdure

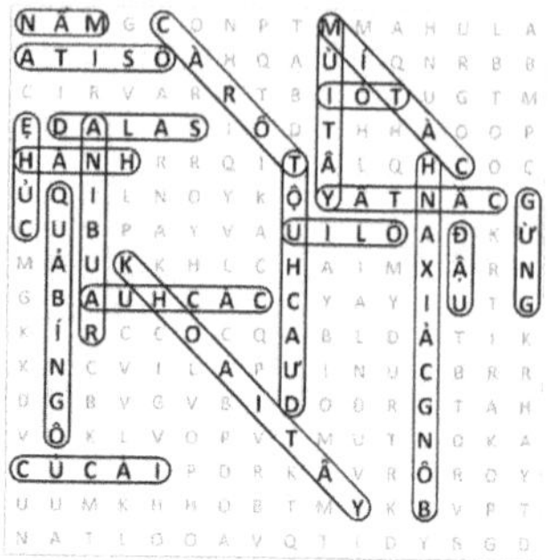

40 - Musica

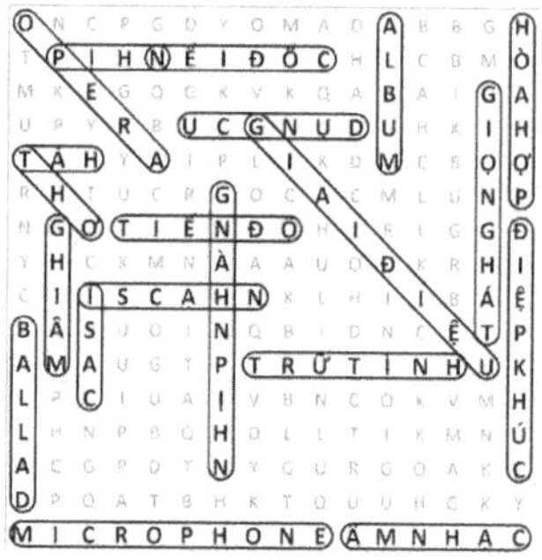

41 - Barbecue

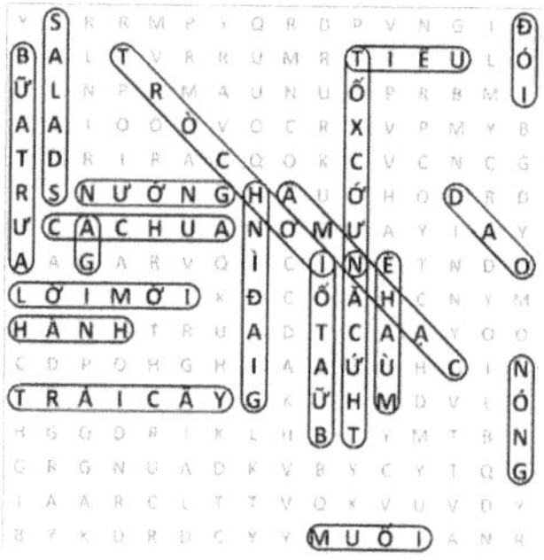

42 - Insetti

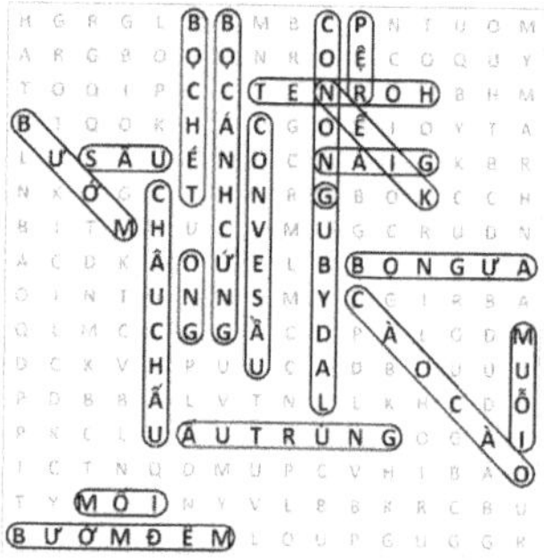

43 - Fisica

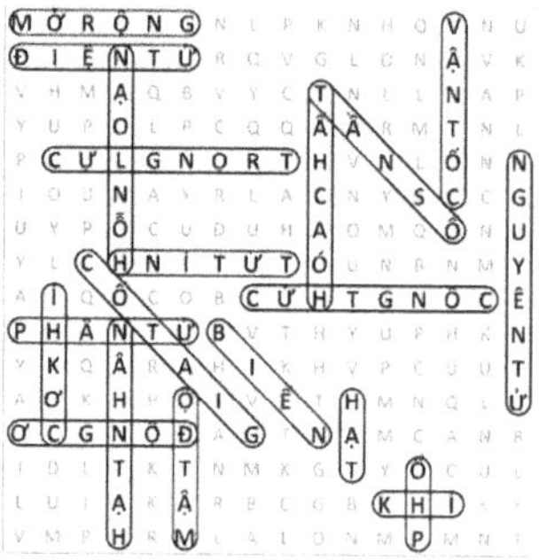

44 - Agronomia

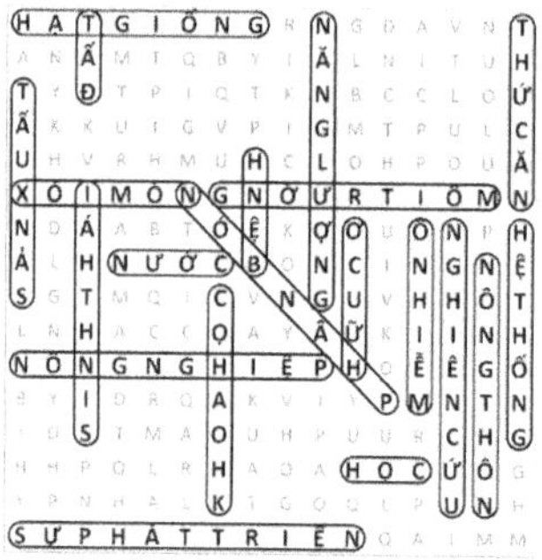

45 - Erboristeria

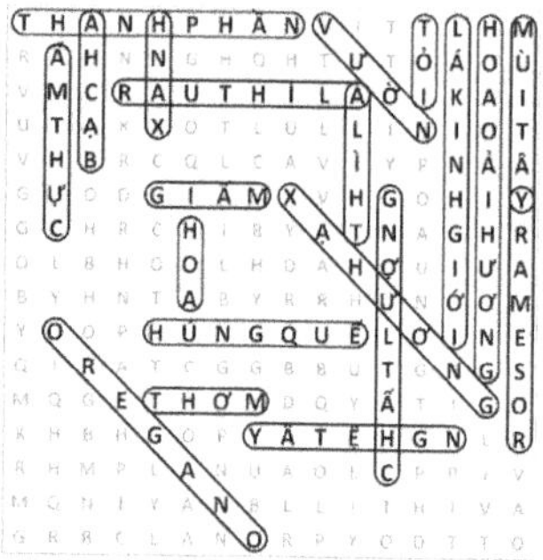

46 - Danza

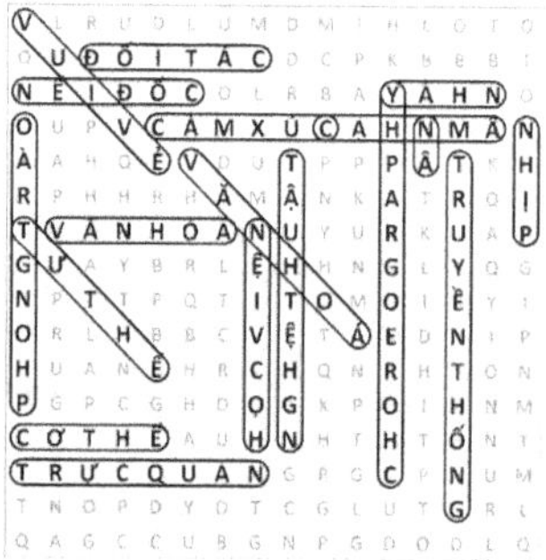

47 - Biologia

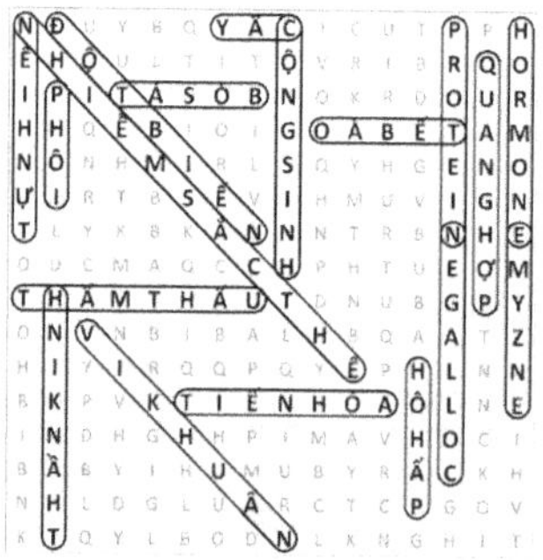

48 - Attività Commerciale

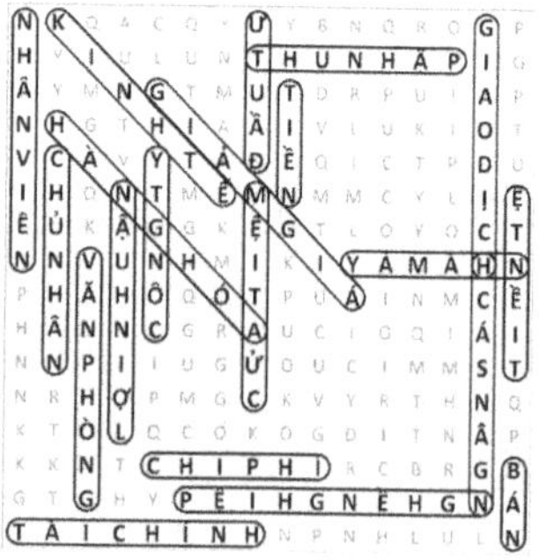

49 - Fiori

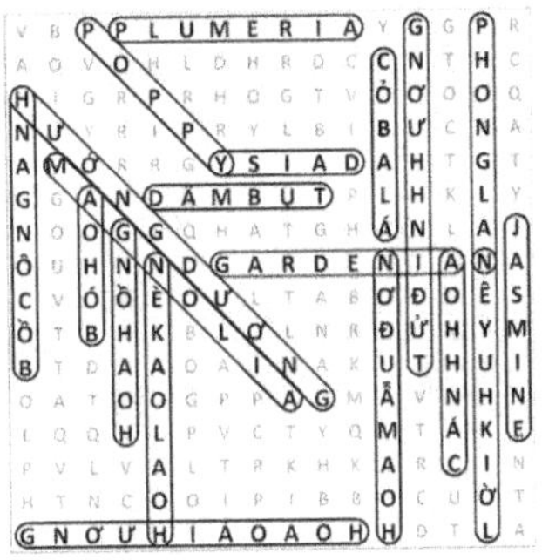

50 - Filantropia

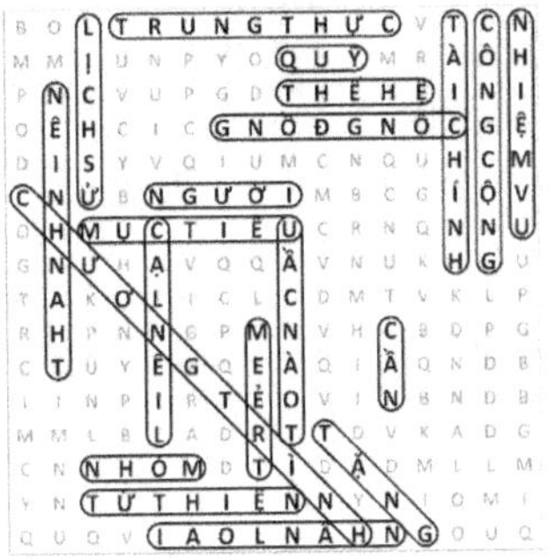

51 - Ecologia

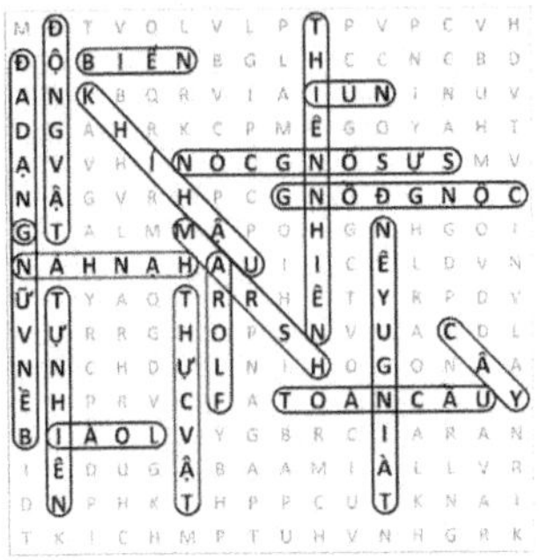

52 - Discipline Scientifiche

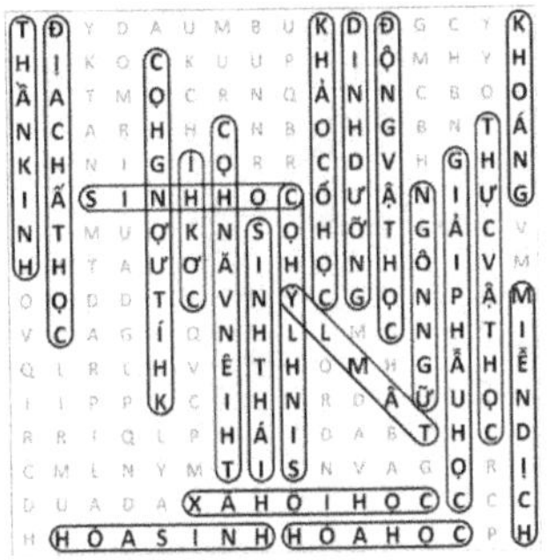

53 - Scienza

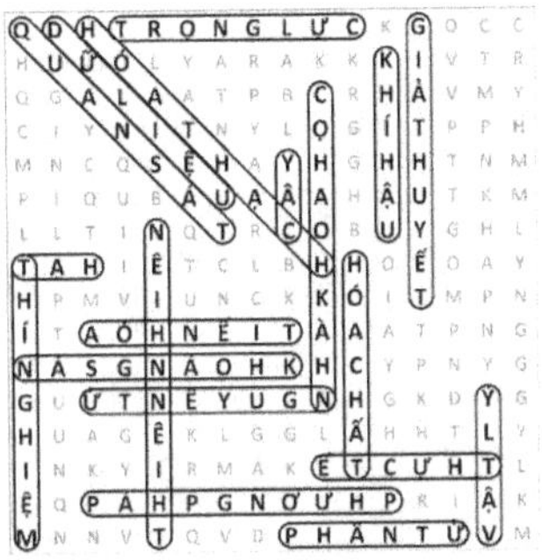

54 - Acqua

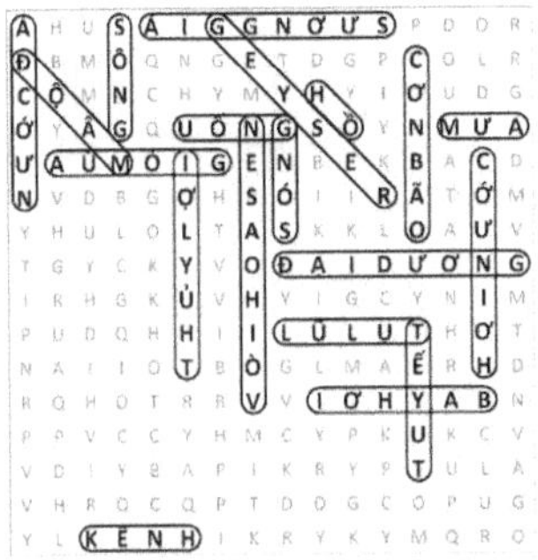

55 - Boxe

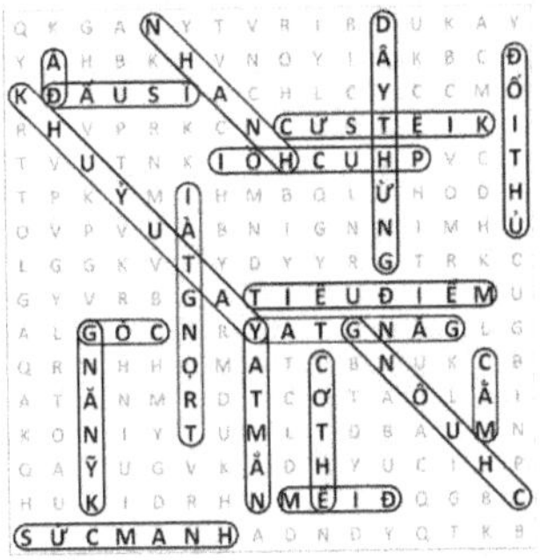

56 - Imbarcazioni

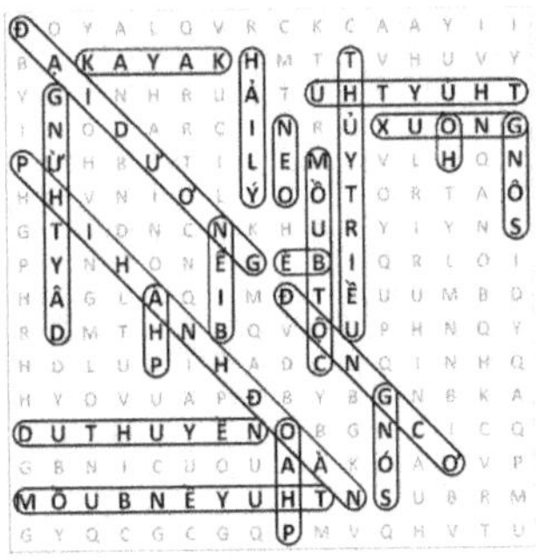

57 - Chimica

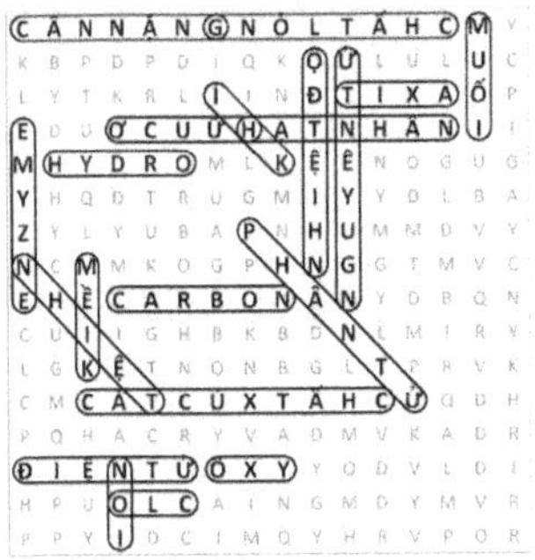

58 - Api

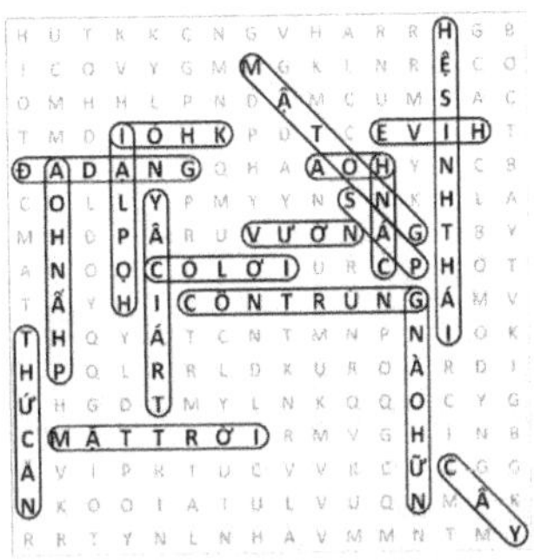

59 - Strumenti Musicali

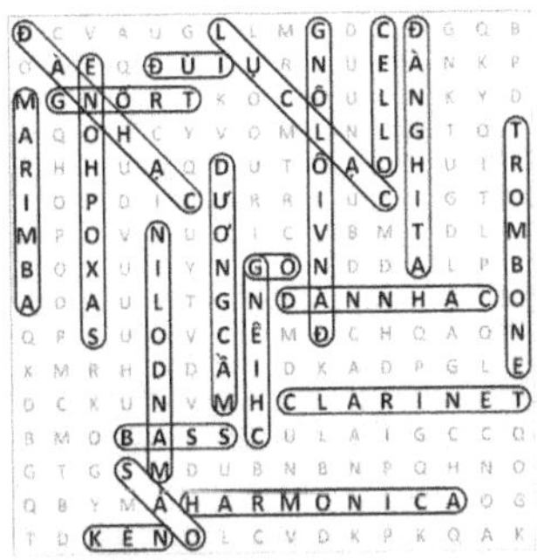

60 - Professioni #2

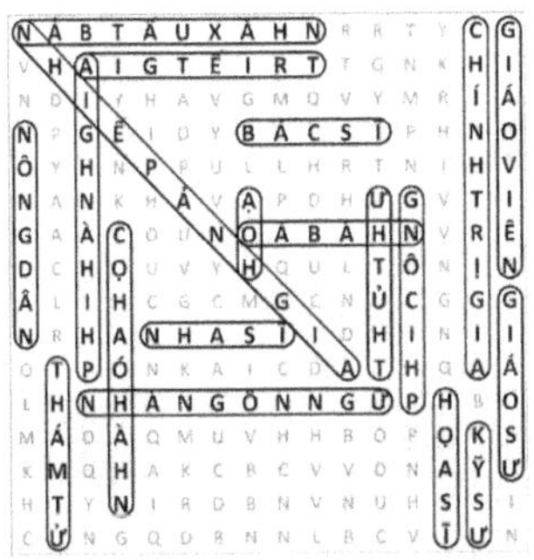

61 - Letteratura

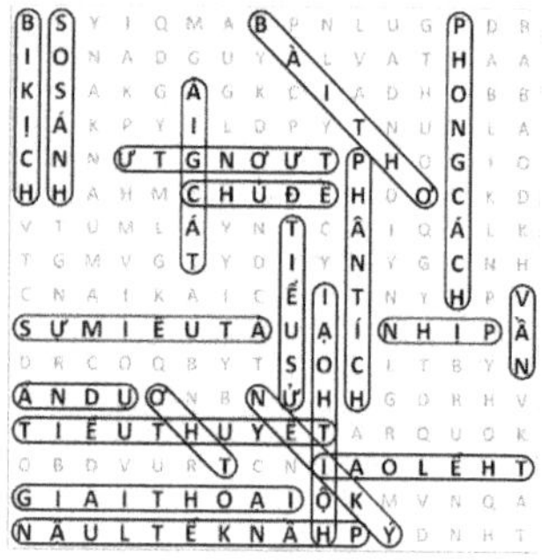

62 - Cibo #2

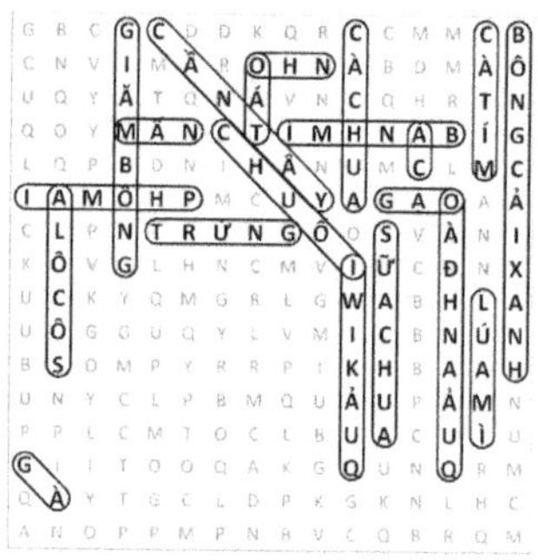

63 - Nutrizione

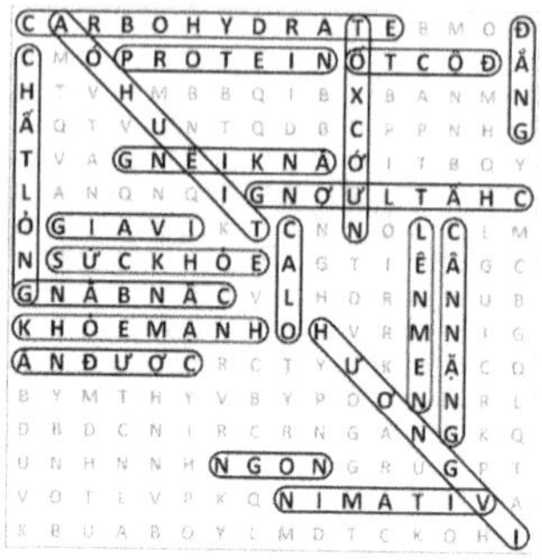

64 - Matematica

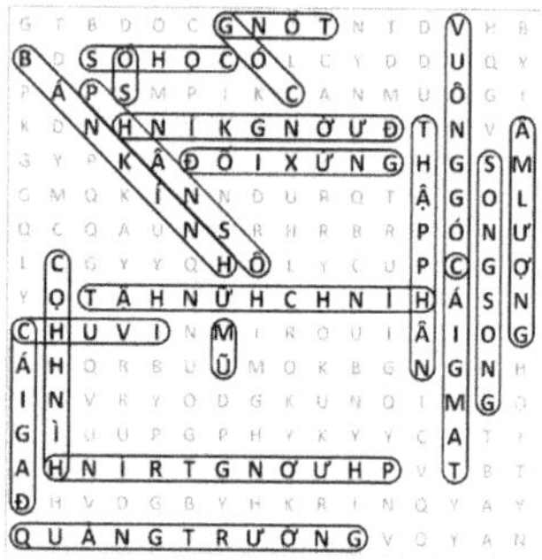

65 - Meditazione

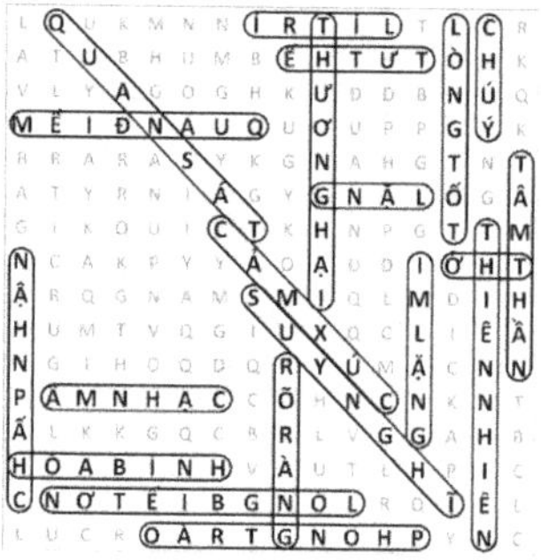

66 - Elettricità

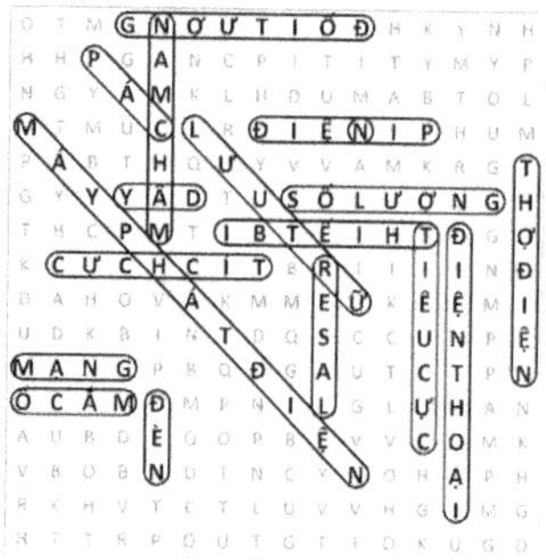

67 - Antiquariato

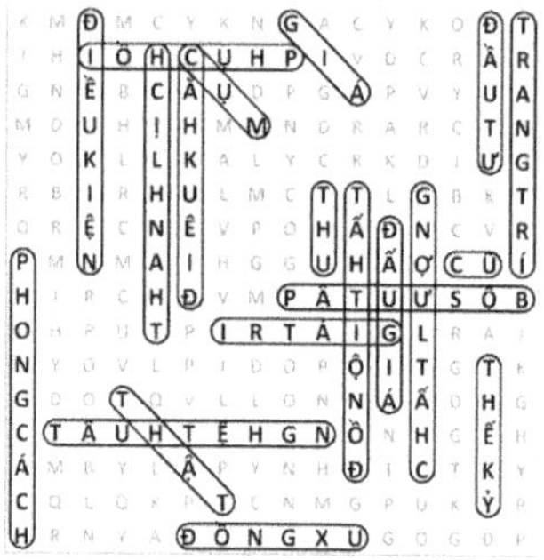

68 - Escursionismo

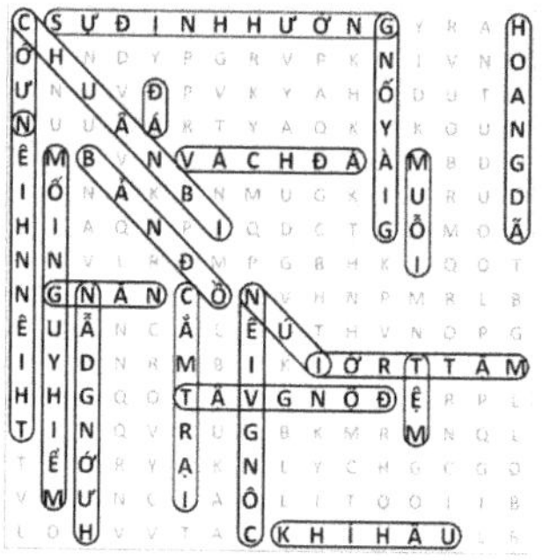

69 - Professioni #1

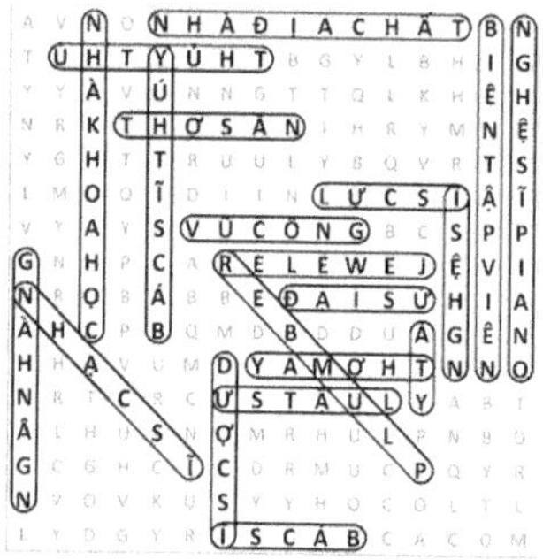

70 - Antartide

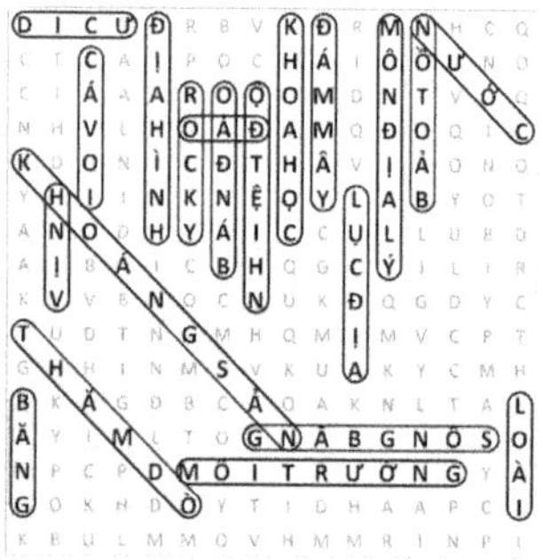

71 - Libri

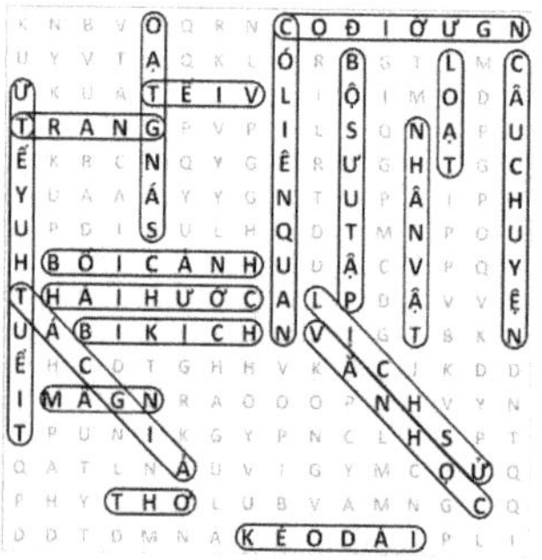

72 - Geografia

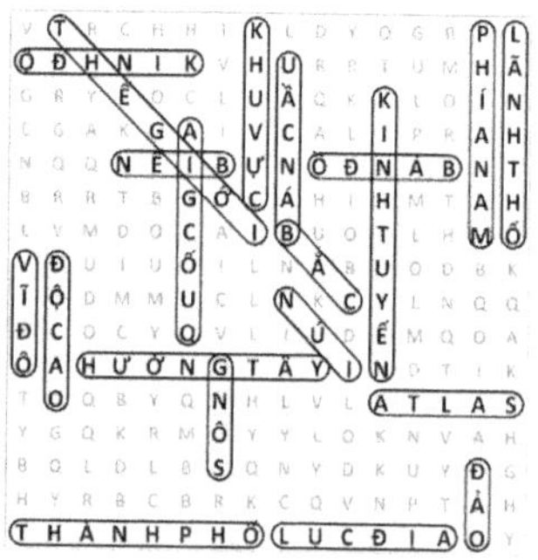

73 - Cibo #1

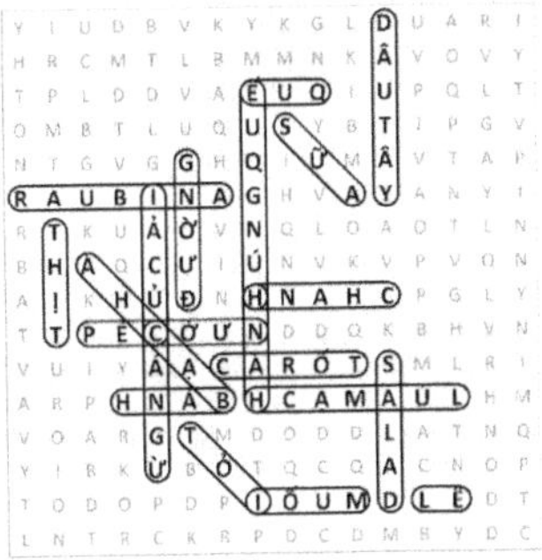

74 - Aeroplani

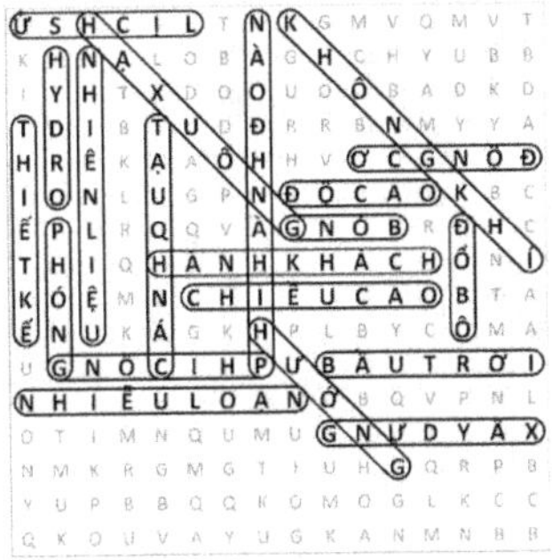

75 - Governo

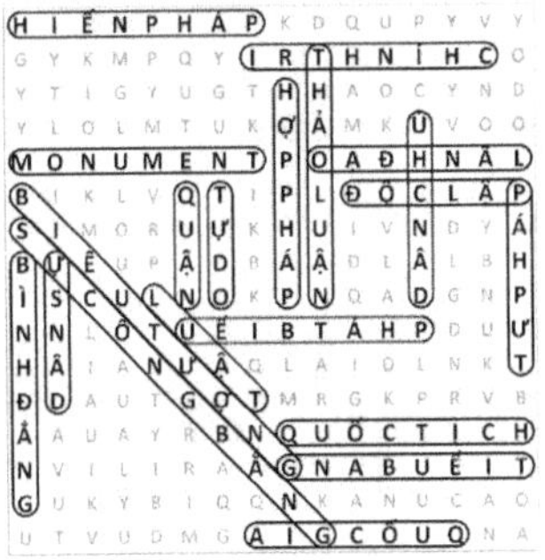

76 - Bellezza

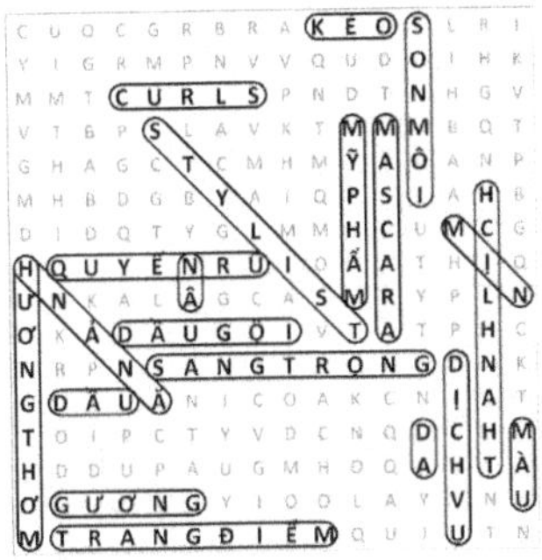

77 - Forme

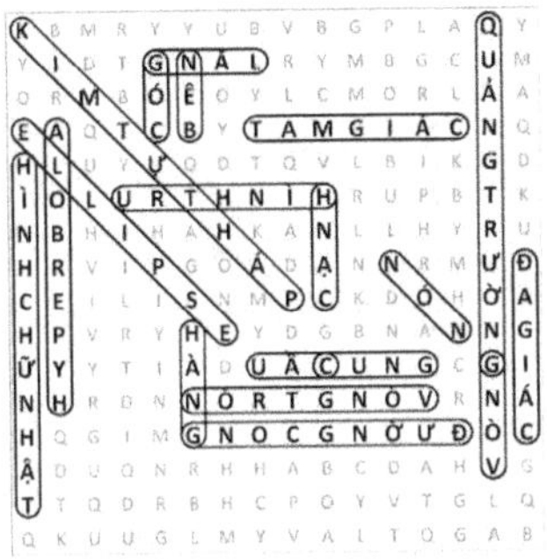

78 - Oceano

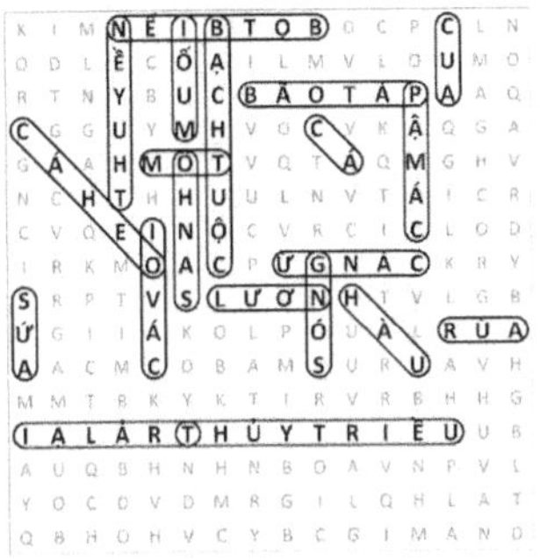

79 - Creatività

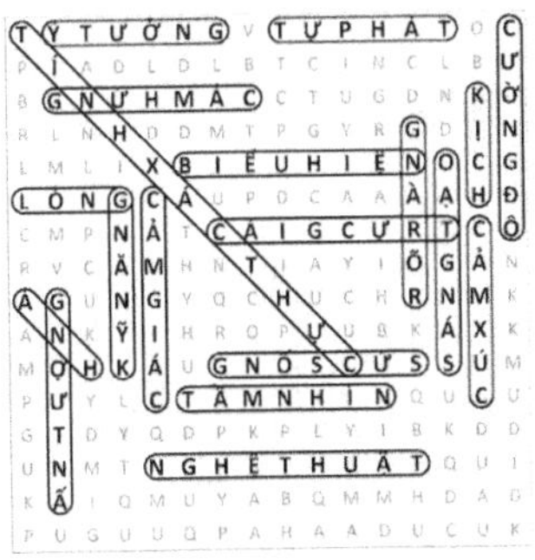

80 - Veicoli

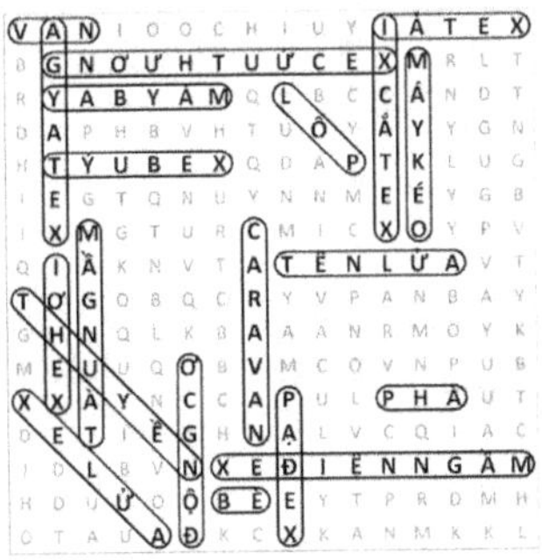

81 - Emozioni

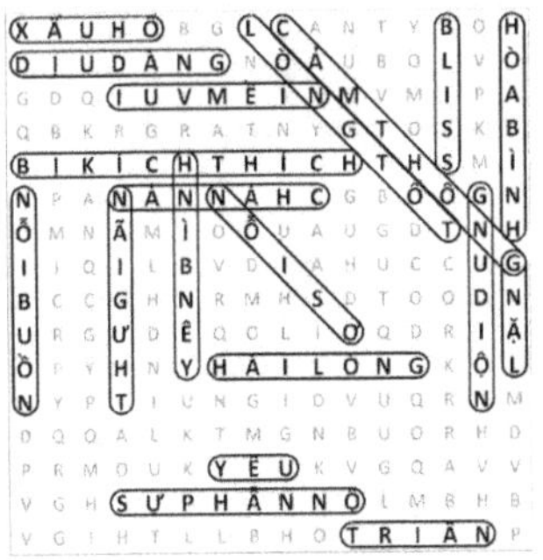

82 - Natura

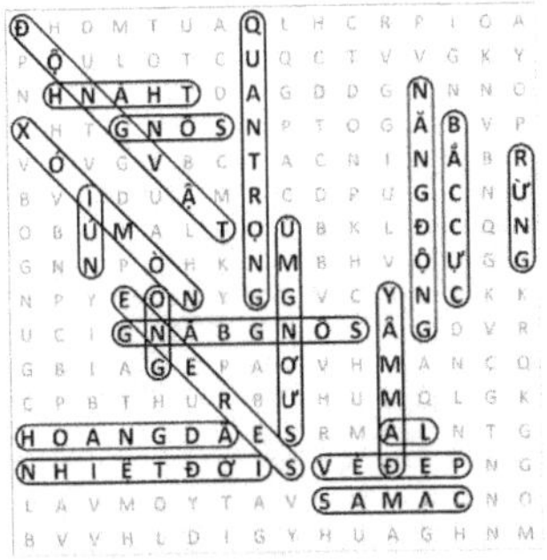

83 - Paesi #1

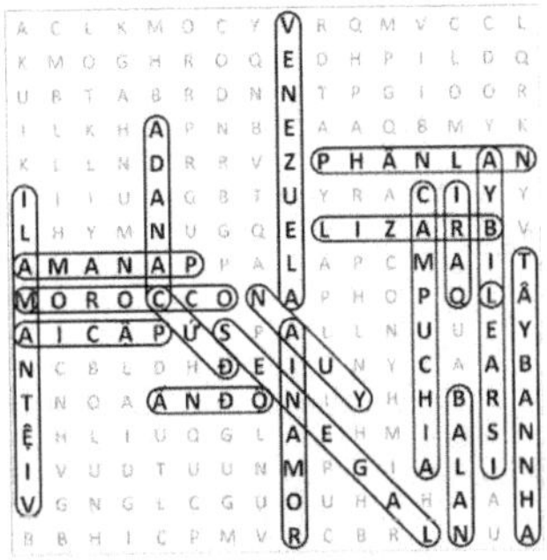

84 - Geometria

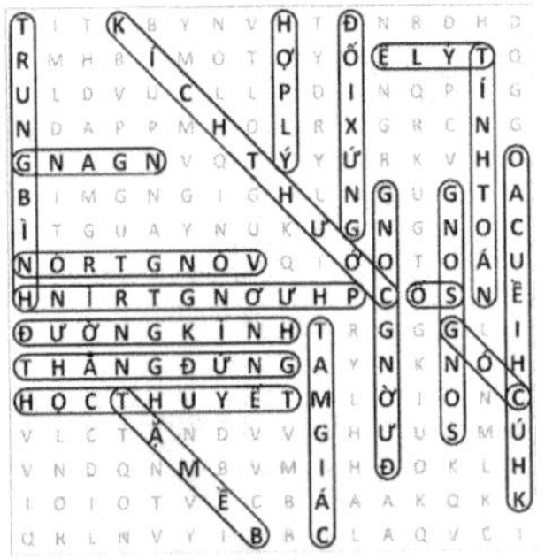

85 - Edifici

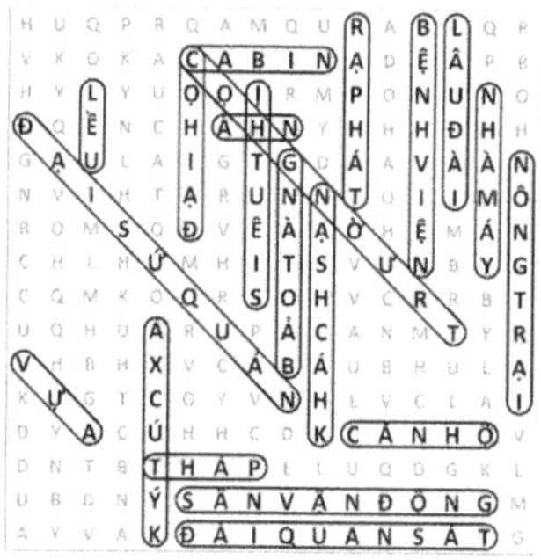

86 - Malattia

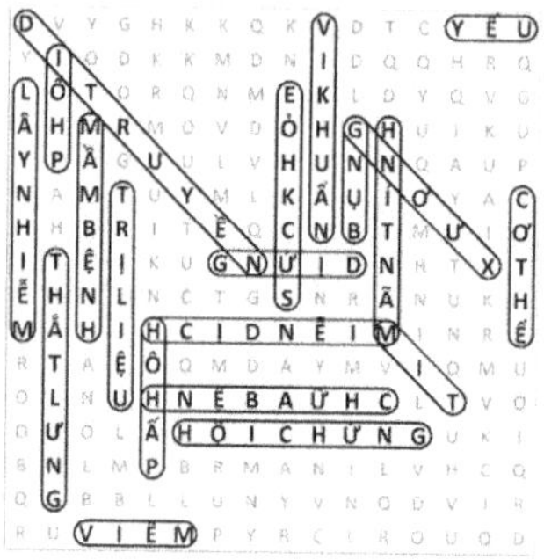

87 - Paesi #2

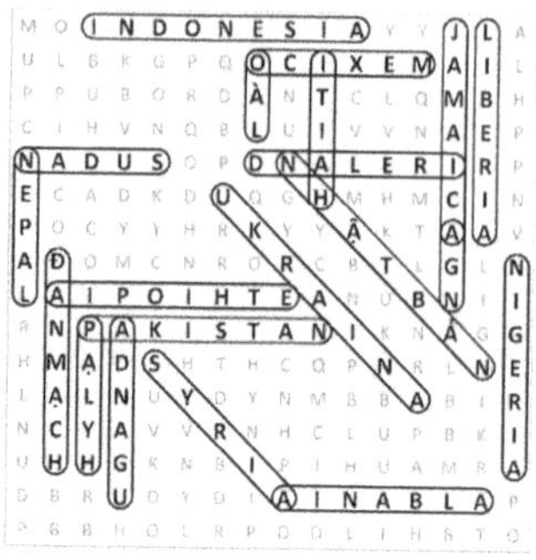

88 - Tipi di Capelli

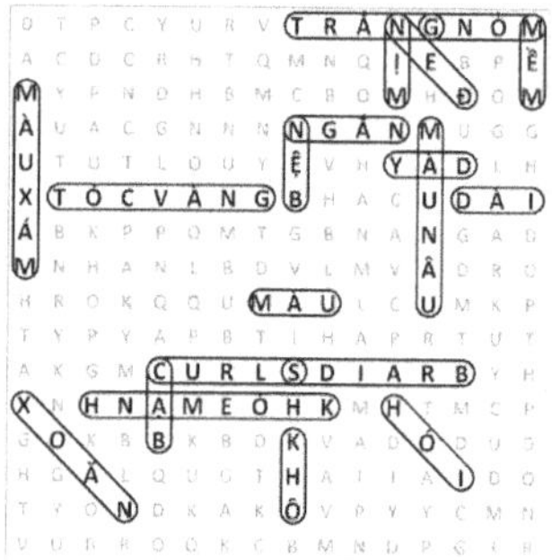

89 - Vestiti

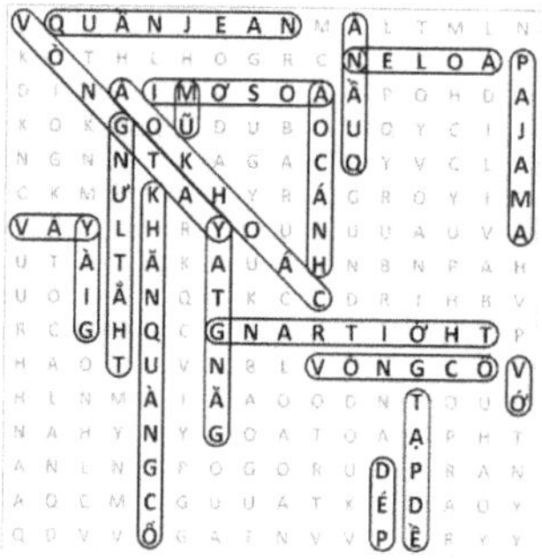

90 - Attività e Tempo Libero

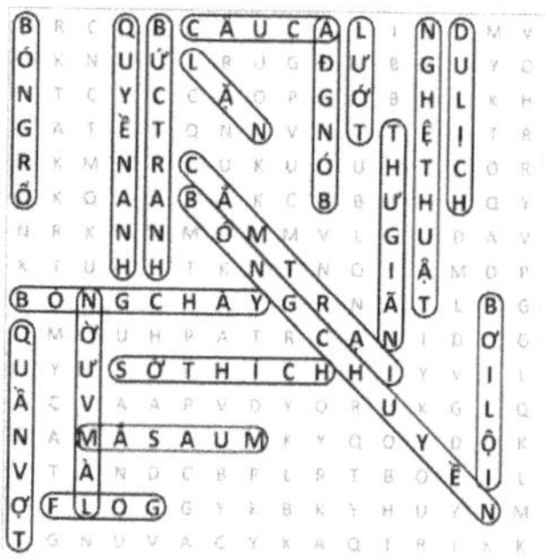

91 - Tecnologia

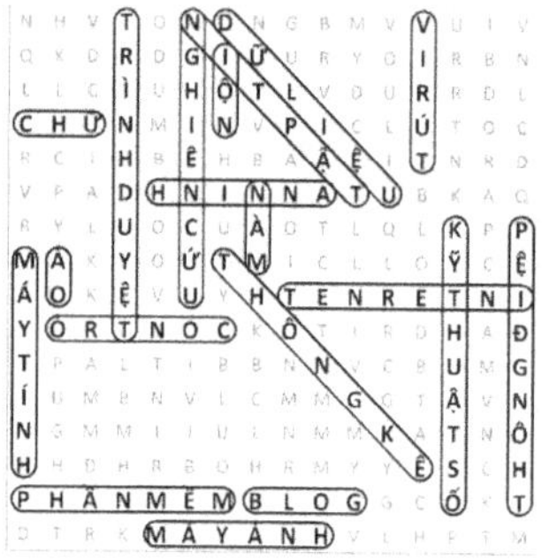

92 - Meteo

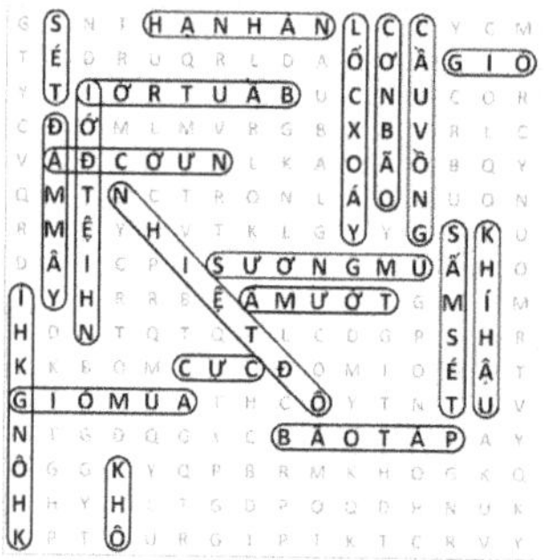

93 - Corpo Umano

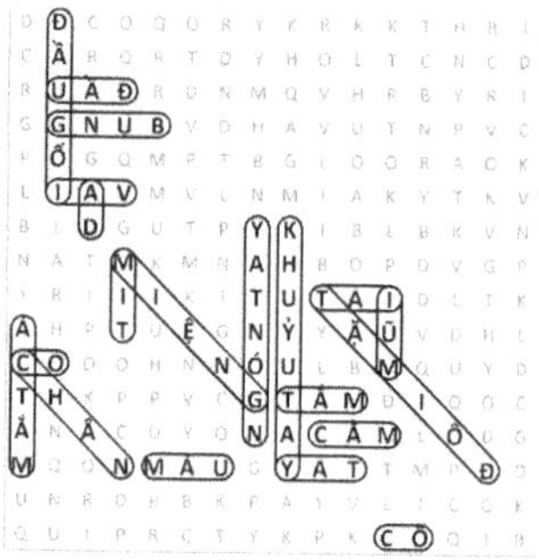

94 - Mammiferi

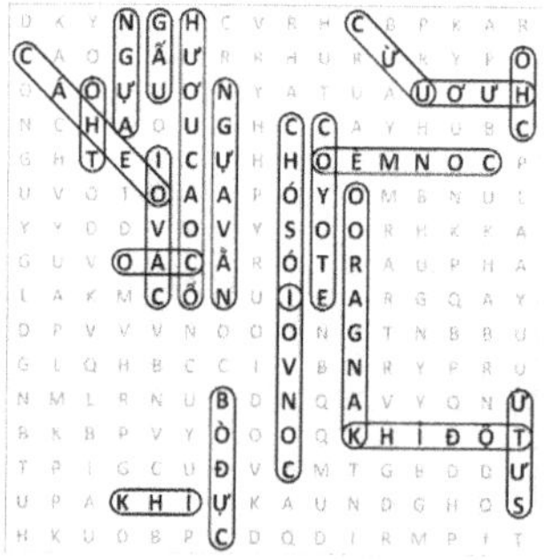

95 - Jazz

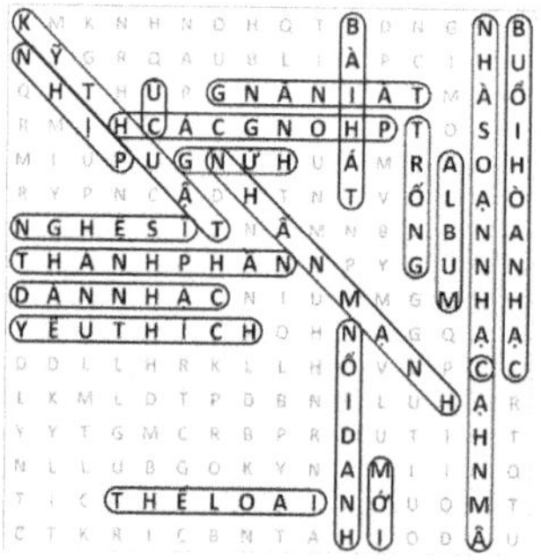

96 - Vacanze #2

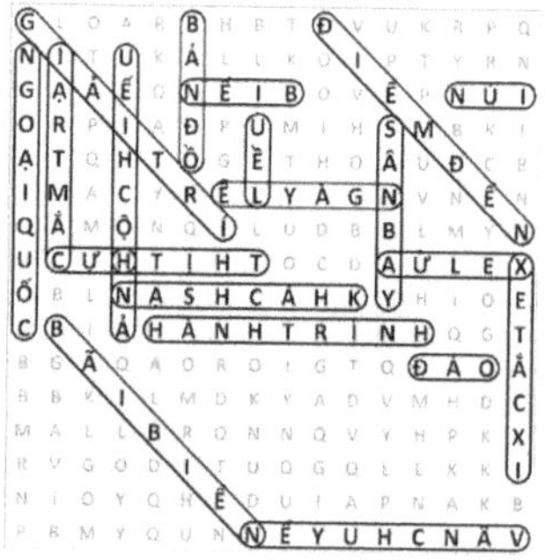

97 - Attività

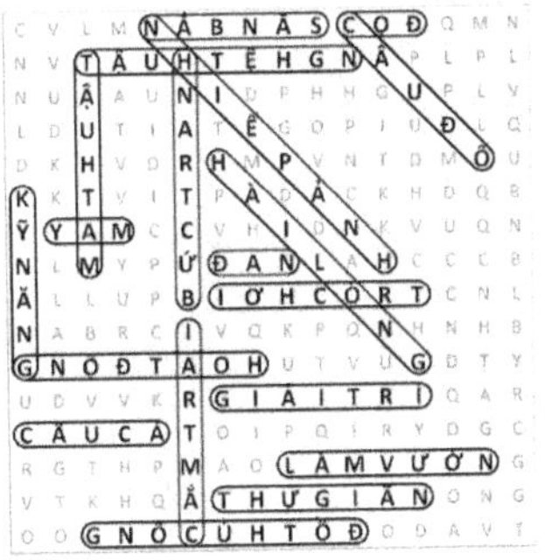

98 - Diplomazia

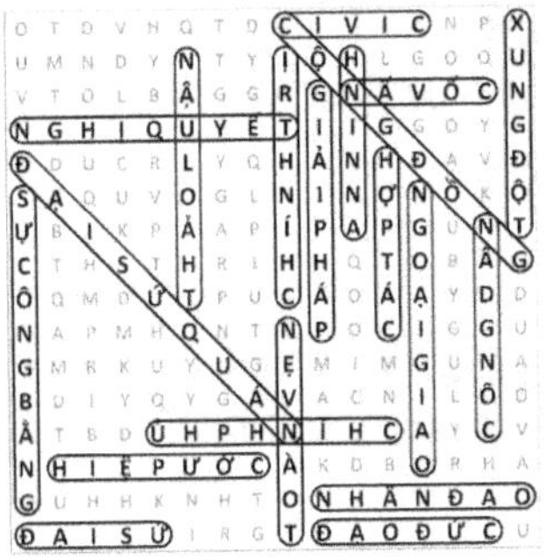

99 - Forniture Artistiche

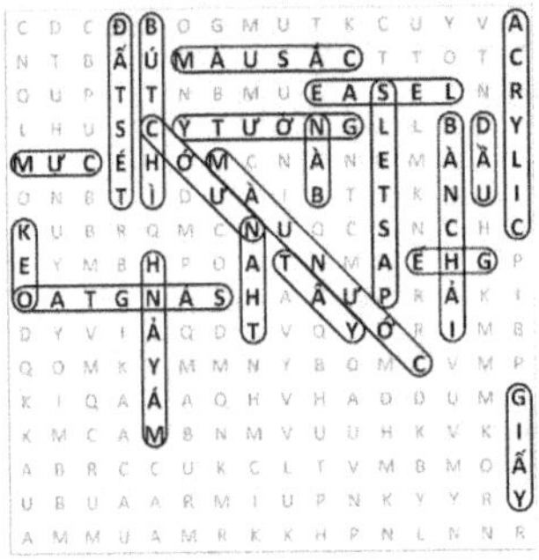

100 - Misurazioni

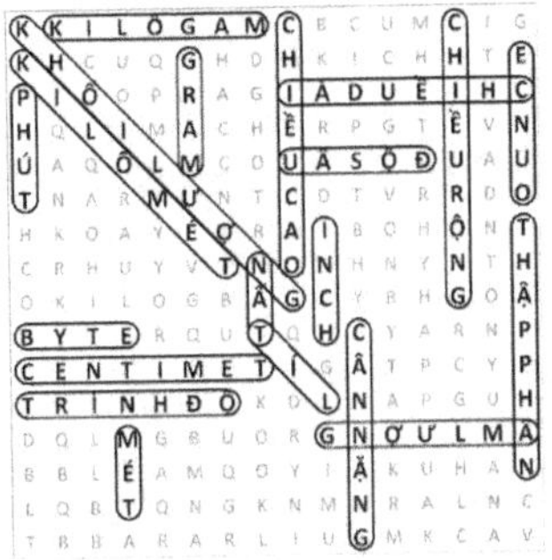

Dizionario

Acqua
Nước

Alluvione	Lũ Lụt
Canale	Kênh
Doccia	Vòi hoa Sen
Evaporazione	Bay Hơi
Fiume	Sông
Gelo	Sương Giá
Geyser	Geyser
Ghiaccio	Nước Đá
Irrigazione	Thủy Lợi
Lago	Hồ
Monsone	Gió Mùa
Neve	Tuyết
Oceano	Đại Dương
Onde	Sóng
Pioggia	Mưa
Potabile	Uống
Umidità	Độ Ẩm
Uragano	Cơn Bão
Vapore	Hơi Nước

Aeroplani
Máy Bay

Altezza	Chiều Cao
Altitudine	Độ Cao
Aria	Không Khí
Atterraggio	Đổ Bộ
Carburante	Nhiên Liệu
Cielo	Bầu Trời
Costruzione	Xây Dựng
Design	Thiết Kế
Direzione	Hướng
Discesa	Hạ Xuống
Eliche	Cánh Quạt
Equipaggio	Phi Hành Đoàn
Idrogeno	Hydro
Lanciare	Phóng
Motore	Động Cơ
Palloncino	Bóng
Passeggero	Hành Khách
Pilota	Phi Công
Storia	Lịch Sử
Turbolenza	Nhiễu Loạn

Aggettivi #1
Tính từ số 1

Ambizioso	Đầy Tham Vọng
Aromatico	Thơm
Artistico	Nghệ Thuật
Assoluto	Tuyệt Đối
Attivo	Hoạt Động
Enorme	Khổng Lồ
Esotico	Kỳ Lạ
Generoso	Rộng Lượng
Giovane	Trẻ
Grande	Lớn
Importante	Quan Trọng
Lento	Chậm
Lungo	Dài
Moderno	Hiện Đại
Onesto	Trung Thực
Perfetto	Hoàn Hảo
Pesante	Nặng
Prezioso	Quý
Profondo	Sâu
Sottile	Mỏng

Aggettivi #2
Tính từ số 2

Affamato	Đói
Asciutto	Khô
Autentico	Thật
Caldo	Nóng
Creativo	Sáng Tạo
Descrittivo	Mô Tả
Dolce	Ngọt
Drammatico	Kịch
Elegante	Thanh Lịch
Famoso	Nổi Danh
Forte	Mạnh
Interessante	Thú Vị
Naturale	Tự Nhiên
Normale	Bình Thường
Nuovo	Mới
Orgoglioso	Tự Hào
Produttivo	Màu Mỡ
Puro	Thuần
Salato	Mặn
Sano	Khỏe Mạnh

Agronomia
Nông Học

Acqua	Nước
Agricoltura	Nông Nghiệp
Ambiente	Môi Trường
Cibo	Thức Ăn
Crescita	Sự Phát Triển
Ecologia	Sinh Thái
Energia	Năng Lượng
Erosione	Xói Mòn
Fertilizzante	Phân Bón
Inquinamento	Ô Nhiễm
Malattie	Bệnh
Organico	Hữu Cơ
Produzione	Sản Xuất
Ricerca	Nghiên Cứu
Rurale	Nông Thôn
Scienza	Khoa Học
Semi	Hạt Giống
Sistemi	Hệ Thống
Studio	Học
Suolo	Đất

Algebra
Đại số Học

Diagramma	Sơ Đồ
Equazione	Phương Trình
Esponente	Mũ
Falso	Sai
Fattore	Tố
Formula	Công Thức
Frazione	Phân Số
Infinito	Vô Hạn
Lineare	Tuyến Tính
Matrice	Ma Trận
Numero	Số
Parentesi	Ngoặc
Problema	Vấn Đề
Quantità	Số Lượng
Semplificare	Đơn Giản Hóa
Soluzione	Giải Pháp
Somma	Tổng
Sottrazione	Phép Trừ
Variabile	Biến
Zero	Số Không

ntartide
am Cực

qua	Nước
nbiente	Môi Trường
ia	Vịnh
lene	Cá Voi
nservazione	Bảo Tồn
ntinente	Lục Địa
splorazione	Thăm Dò
eografia	Môn địa Lý
hiacciai	Sông Băng
hiaccio	Băng
ole	Đảo
igrazione	Di Cư
inerali	Khoáng Sản
uvole	Đám Mây
enisola	Bán Đảo
occioso	Rocky
cientifico	Khoa Học
pecie	Loài
emperatura	Nhiệt Độ
pografia	Địa Hình

Antiquariato
Đồ Cổ

Arte	Nghệ Thuật
Articolo	Mục
Asta	Đấu Giá
Autentico	Thật
Collezionista	Thu
Condizione	Điều Kiện
Decorativo	Trang Trí
Elegante	Thanh Lịch
Galleria	Bộ sưu Tập
Investimento	Đầu Tư
Mobilio	Đồ nội Thất
Monete	Đồng Xu
Prezzo	Giá
Qualità	Chất Lượng
Restauro	Phục Hồi
Scultura	Điêu Khắc
Secolo	Thế Kỷ
Stile	Phong Cách
Valore	Giá Trị
Vecchio	Cũ

Api
Những con Ong

Ali	Cánh
Alveare	Hive
Benefico	Có Lợi
Cera	Sáp
Cibo	Thức Ăn
Diversità	Đa Dạng
Ecosistema	Hệ Sinh Thái
Fiori	Hoa
Frutta	Trái Cây
Fumo	Khói
Giardino	Vườn
Insetto	Côn Trùng
Miele	Mật Ong
Piante	Cây
Polline	Phấn Hoa
Regina	Nữ Hoàng
Sciame	Họp Lại
Sole	Mặt Trời

rcheologia
hảo cổ Học

nalisi	Phân Tích
nni	Năm
ntico	Cổ
eramica	Đồ Gốm
iviltà	Nền văn Minh
imenticato	Quên
ra	Kỷ Nguyên
sperto	Chuyên Gia
ossile	Hóa Thạch
rammenti	Mảnh
istero	Bí Ẩn
ggetti	Đối Tượng
ssa	Xương
rofessore	Giáo Sư
eliquia	Di Tích
sconosciuto	Không Rõ
squadra	Đội
empio	Ngôi Đền
omba	Mộ
alutazione	Đánh Giá

Arti Visive
Nghệ Thuật thị Giác

Architettura	Kiến Trúc
Argilla	Đất Sét
Artista	Nghệ Sĩ
Capolavoro	Kiệt Tác
Cavalletto	Vẽ
Cera	Sáp
Ceramica	Đồ Gốm
Composizione	Thành Phần
Creatività	Sáng Tạo
Film	Phim Ảnh
Fotografia	Ảnh Chụp
Gesso	Phấn
Matita	Bút Chì
Penna	Cái Bút
Pittura	Bức Tranh
Prospettiva	Quan Điểm
Ritratto	Chân Dung
Scultura	Điêu Khắc
Stampino	Giấy Nến

Astronomia
Thiên văn Học

Astronauta	Phi Hành Gia
Celeste	Thiên
Cielo	Bầu Trời
Cometa	Sao Chổi
Cosmo	Vũ Trụ
Costellazione	Chòm Sao
Equinozio	Phân
Galassia	Thiên Hà
Gravità	Trọng Lực
Luna	Mặt Trăng
Meteora	Sao Băng
Nebulosa	Tinh Vân
Osservatorio	Đài Quan Sát
Pianeta	Hành Tinh
Radiazione	Bức Xạ
Razzo	Tên Lửa
Satellite	Vệ Tinh
Supernova	Siêu tân Tinh
Terra	Trái Đất
Zodiaco	Zodiac

Attività
Các Hoạt Động

Abilità	Kỹ Năng
Arte	Nghệ Thuật
Artigianato	Đồ thủ Công
Attività	Hoạt Động
Caccia	Săn Bắn
Campeggio	Cắm Trại
Cucire	May
Fotografia	Nhiếp Ảnh
Giardinaggio	Làm Vườn
Giochi	Trò Chơi
Lettura	Đọc
Magia	Ma Thuật
Maglieria	Đan
Pesca	Câu Cá
Piacere	Hài Lòng
Pittura	Bức Tranh
Puzzle	Câu Đố
Rilassamento	Thư Giãn
Tempo Libero	Giải Trí

Attività Commerciale
Doanh Nghiệp

Bilancio	Ngân Sách
Carriera	Nghề Nghiệp
Costo	Chi Phí
Datore di Lavoro	Chủ Nhân
Dipendente	Nhân Viên
Economia	Kinh Tế
Fabbrica	Nhà Máy
Finanza	Tài Chính
Investimento	Đầu Tư
Merce	Hàng Hóa
Negozio	Cửa Tiệm
Profitto	Lợi Nhuận
Reddito	Thu Nhập
Sconto	Giảm Giá
Società	Công Ty
Soldi	Tiền
Transazione	Giao Dịch
Ufficio	Văn Phòng
Valuta	Tiền Tệ
Vendita	Bán

Attività e Tempo Libero
Và các Hoạt Động Giải Trí

Arte	Nghệ Thuật
Baseball	Bóng Chày
Basket	Bóng Rổ
Boxe	Quyền Anh
Calcio	Bóng Đá
Campeggio	Cắm Trại
Giardinaggio	Làm Vườn
Golf	Golf
Hobby	Sở Thích
Immersione	Lặn
Nuoto	Bơi Lội
Pallavolo	Bóng Chuyền
Pesca	Câu Cá
Pittura	Bức Tranh
Rilassante	Thư Giãn
Shopping	Mua Sắm
Surf	Lướt
Tennis	Quần Vợt
Viaggio	Du Lịch

Barbecue
Ăn Thịt Nướng

Caldo	Nóng
Cena	Bữa Tối
Cibo	Thức Ăn
Cipolle	Hành
Coltelli	Dao
Estate	Mùa Hè
Fame	Đói
Famiglia	Gia Đình
Frutta	Trái Cây
Giochi	Trò Chơi
Griglia	Nướng
Insalate	Salads
Invito	Lời Mời
Musica	Âm Nhạc
Pepe	Tiêu
Pollo	Gà
Pomodori	Cà Chua
Pranzo	Bữa Trưa
Sale	Muối
Salsa	Nước Xốt

Bellezza
Sắc Đẹp

Colore	Màu
Cosmetici	Mỹ Phẩm
Elegante	Thanh Lịch
Eleganza	Sang Trọng
Fascino	Quyến Rũ
Forbici	Kéo
Fotogenico	Ăn Ảnh
Fragranza	Hương Thơm
Grazia	Ân
Liscio	Mịn
Mascara	Mascara
Oli	Dầu
Pelle	Da
Riccioli	Curls
Rossetto	Son Môi
Servizi	Dịch Vụ
Shampoo	Dầu Gội
Specchio	Gương
Stilista	Stylist
Trucco	Trang Điểm

Biologia
Sinh Học

Anatomia	Giải Phẫu Học
Batteri	Vi Khuẩn
Cellula	Tế Bào
Collagene	Collagen
Cromosoma	Nhiễm sắc Thể
Embrione	Phôi
Enzima	Enzyme
Evoluzione	Tiến Hóa
Fotosintesi	Quang Hợp
Mutazione	Đột Biến
Naturale	Tự Nhiên
Nervo	Thần Kinh
Ormone	Hormone
Osmosi	Thẩm Thấu
Piante	Cây
Proteina	Protein
Respirazione	Hô Hấp
Rettile	Bò Sát
Simbiosi	Cộng Sinh
Specie	Loài

oxe
uyền Anh

bilità	Kỹ Năng
ngolo	Góc
rbitro	Trọng Tài
vversario	Đối Thủ
alcio	Đá
ampana	Chuông
ombattente	Đấu Sĩ
orde	Dây Thừng
orpo	Cơ Thể
saurito	Kiệt Sức
orza	Sức Mạnh
uoco	Tiêu Điểm
omito	Khuỷu Tay
uanti	Găng Tay
lento	Cằm
ugno	Nắm Tay
unti	Điểm
apido	Nhanh
ecupero	Phục Hồi

Caffè
Cà Phê

Acqua	Nước
Amaro	Đắng
Aroma	Thơm
Arrostito	Rang
Bere	Uống
Bevanda	Đồ Uống
Caffeina	Caffeine
Crema	Kem
Filtro	Bộ Lọc
Gusto	Hương Vị
Latte	Sữa
Liquido	Chất Lỏng
Macinare	Xay
Mattina	Buổi Sáng
Nero	Đen
Origine	Gốc
Prezzo	Giá
Tazza	Cốc
Zucchero	Đường

Campeggio
Cắm Trại

Alberi	Cây
Amaca	Võng
Animali	Động Vật
Attrezzatura	Thiết Bị
Bussola	La Bàn
Cabina	Cabin
Caccia	Săn Bắn
Canoa	Xuồng
Cappello	Mũ
Corda	Dây Thừng
Divertimento	Vui Vẻ
Foresta	Rừng
Fuoco	Lửa
Insetto	Côn Trùng
Lago	Hồ
Luna	Mặt Trăng
Mappa	Bản Đồ
Montagna	Núi
Natura	Thiên Nhiên
Tenda	Lều

asa
hà Ở

ttico	Gác Xép
iblioteca	Thư Viện
amera	Phòng
amino	Lò Sưởi
ucina	Nhà Bếp
occia	Vòi hoa Sen
inestra	Cửa Sổ
arage	Ga-Ra
iardino	Vườn
ampada	Đèn
arete	Tường
avimento	Sàn Nhà
orta	Cửa
ecinto	Hàng Rào
ubinetto	Vòi
copa	Chổi
offitto	Trần
pecchio	Gương
appeto	Thảm
etto	Mái Nhà

Chimica
Hóa Học

Acido	Axit
Alcalino	Kiềm
Atomico	Nguyên Tử
Calore	Nhiệt
Carbonio	Carbon
Catalizzatore	Chất xúc Tác
Cloro	Clo
Elettrone	Điện Tử
Enzima	Enzyme
Gas	Khí
Idrogeno	Hydro
Ione	Ion
Liquido	Chất Lỏng
Molecola	Phân Tử
Nucleare	Hạt Nhân
Organico	Hữu Cơ
Ossigeno	Ôxy
Peso	Cân Nặng
Sale	Muối
Temperatura	Nhiệt Độ

Cibo #1
Thực Phẩm #1

Aglio	Tỏi
Basilico	Húng Quế
Cannella	Quế
Carne	Thịt
Carota	Cà Rốt
Cipolla	Hành
Fragola	Dâu Tây
Insalata	Salad
Latte	Sữa
Limone	Chanh
Menta	Bạc Hà
Orzo	Lúa Mạch
Pera	Lê
Rapa	Củ Cải
Sale	Muối
Spinaci	Rau Bina
Succo	Nước Ép
Tonno	Cá Ngừ
Torta	Bánh
Zucchero	Đường

Cibo #2
Thực Phẩm #2

Banana	Chuối
Broccolo	Bông cải Xanh
Ciliegia	Quả anh Đào
Cioccolato	Sô cô La
Formaggio	Phô Mai
Fungo	Nấm
Grano	Lúa Mì
Kiwi	Quả Kiwi
Mela	Táo
Melanzana	Cà Tím
Pane	Bánh Mì
Pesce	Cá
Pollo	Gà
Pomodoro	Cà Chua
Prosciutto	Giăm Bông
Riso	Gạo
Sedano	Cần Tây
Uovo	Trứng
Uva	Nho
Yogurt	Sữa Chua

Cioccolato
Sô-Cô-La

Amaro	Đắng
Antiossidante	Antioxidant
Arachidi	Đậu Phộng
Aroma	Thơm
Cacao	Cacao
Calorie	Calo
Caramella	Kẹo
Caramello	Caramel
Delizioso	Ngon
Dolce	Ngọt
Esotico	Kỳ Lạ
Gusto	Vị
Ingrediente	Thành Phần
Noce di Cocco	Dừa
Polvere	Bột
Preferito	Yêu Thích
Qualità	Chất Lượng
Ricetta	Công Thức
Zucchero	Đường

Corpo Umano
Cơ thể con Người

Bocca	Miệng
Caviglia	Mắt Cá
Cervello	Óc
Collo	Cổ
Cuore	Tim
Dito	Ngón Tay
Faccia	Đối Mặt
Gamba	Chân
Ginocchio	Đầu Gối
Gomito	Khuỷu Tay
Mano	Tay
Mento	Cằm
Naso	Mũi
Occhio	Mắt
Orecchio	Tai
Pelle	Da
Sangue	Máu
Spalla	Vai
Stomaco	Bụng
Testa	Đầu

Creatività
Sự Sáng Tạo

Abilità	Kỹ Năng
Artistico	Nghệ Thuật
Autenticità	Tính xác Thực
Chiarezza	Rõ Ràng
Drammatico	Kịch
Emozioni	Cảm Xúc
Espressione	Biểu Hiện
Fluidità	Lỏng
Idee	Ý Tưởng
Immagine	Ảnh
Impressione	Ấn Tượng
Intensità	Cường Độ
Intuizione	Trực Giác
Inventivo	Sáng Tạo
Ispirazione	Cảm Hứng
Sensazione	Cảm Giác
Spontaneo	Tự Phát
Visioni	Tầm Nhìn
Vitalità	Sức Sống

Danza
Nhảy

Accademia	Học Viện
Arte	Nghệ Thuật
Classico	Cổ Điển
Compagno	Đối Tác
Coreografia	Choreography
Corpo	Cơ Thể
Cultura	Văn Hoá
Culturale	Văn Hóa
Emozione	Cảm Xúc
Gioioso	Vui Vẻ
Grazia	Ân
Movimento	Phong Trào
Musica	Âm Nhạc
Postura	Tư Thế
Ritmo	Nhịp
Salto	Nhảy
Tradizionale	Truyền Thống
Visivo	Trực Quan

Diplomazia
Ngoại Giao

Ambasciata	Đại sứ Quán
Ambasciatore	Đại Sứ
Cittadini	Công Dân
Civico	Civic
Comunità	Cộng Đồng
Conflitto	Xung Đột
Consigliere	Cố Vấn
Cooperazione	Hợp Tác
Diplomatico	Ngoại Giao
Discussione	Thảo Luận
Etica	Đạo Đức
Giustizia	Sự Công Bằng
Governo	Chính Phủ
Integrità	Toàn Vẹn
Politica	Chính Trị
Risoluzione	Nghị Quyết
Sicurezza	An Ninh
Soluzione	Giải Pháp
Trattato	Hiệp Ước
Umanitario	Nhân Đạo

iscipline Scientifiche
ác Ngành Khoa Học

atomia	Giải Phẫu Học
cheologia	Khảo cổ Học
tronomia	Thiên văn Học
ochimica	Hóa Sinh
ologia	Sinh Học
tanica	Thực vật Học
imica	Hóa Học
ologia	Sinh Thái
siologia	Sinh lý Học
eologia	Địa Chất Học
munologia	Miễn Dịch
nguistica	Ngôn Ngữ
eccanica	Cơ Khí
eteorologia	Khí Tượng Học
ineralogia	Khoáng
eurologia	Thần Kinh
utrizione	Dinh Dưỡng
sicologia	Tâm Lý
ociologia	Xã hội Học
ologia	Động vật Học

Ecologia
Sinh Thái Học

Clima	Khí Hậu
Comunità	Cộng Đồng
Diversità	Đa Dạng
Fauna	Động Vật
Flora	Flora
Globale	Toàn Cầu
Marino	Biển
Montagne	Núi
Natura	Thiên Nhiên
Naturale	Tự Nhiên
Palude	Marsh
Piante	Cây
Risorse	Tài Nguyên
Siccità	Hạn Hán
Sopravvivenza	Sự Sống Còn
Sostenibile	Bền Vững
Specie	Loài
Vegetazione	Thực Vật

Edifici
Các tòa Nhà

Ambasciata	Đại sứ Quán
Appartamento	Căn Hộ
Cabina	Cabin
Casa	Nhà
Castello	Lâu Đài
Fabbrica	Nhà Máy
Fattoria	Nông Trại
Fienile	Vựa
Hotel	Khách Sạn
Museo	Bảo Tàng
Ospedale	Bệnh Viện
Osservatorio	Đài Quan Sát
Ostello	Ký túc Xá
Scuola	Trường Học
Stadio	Sân vận Động
Supermercato	Siêu Thị
Teatro	Rạp Hát
Tenda	Lều
Torre	Tháp
Università	Đại Học

lettricità
iện

ttrezzatura	Thiết Bị
atteria	Pin
avo	Cáp
onservazione	Lưu Trữ
lettricista	Thợ Điện
lettrico	Điện
ili	Dây
eneratore	Máy Phát Điện
ampada	Đèn
aser	Laser
lagnete	Nam Châm
legativo	Tiêu Cực
ggetti	Đối Tượng
ositivo	Tích Cực
resa	Ổ Cắm
uantità	Số Lượng
ete	Mạng
elefono	Điện Thoại

Emozioni
Những cảm Xúc

Amore	Yêu
Beatitudine	Bliss
Calma	Lặng
Contenuto	Nội Dung
Eccitato	Bị Kích Thích
Gentilezza	Lòng Tốt
Gioia	Niềm Vui
Grato	Tri Ân
Imbarazzato	Xấu Hổ
Noia	Chán Nản
Pace	Hòa Bình
Paura	Nỗi Sợ
Rabbia	Sự Phẫn Nộ
Rilassato	Thư Giãn
Simpatia	Cảm Thông
Soddisfatto	Hài Lòng
Tenerezza	Dịu Dàng
Tranquillità	Yên Bình
Tristezza	Nỗi Buồn

Energia
Năng Lượng

Ambiente	Môi Trường
Batteria	Pin
Benzina	Xăng
Calore	Nhiệt
Carbonio	Carbon
Carburante	Nhiên Liệu
Diesel	Diesel
Elettrico	Điện
Elettrone	Điện Tử
Entropia	Entropy
Fotone	Photon
Idrogeno	Hydro
Industria	Công Nghiệp
Inquinamento	Ô Nhiễm
Motore	Động Cơ
Nucleare	Hạt Nhân
Rinnovabile	Tái Tạo
Turbina	Tua-Bin
Vapore	Hơi Nước
Vento	Gió

Erboristeria
Chủ Nghĩa Thảo Dược

Aglio	Tỏi
Aneto	Rau thì Là
Aromatico	Thơm
Basilico	Húng Quế
Culinario	Ẩm Thực
Dragoncello	Giấm
Finocchio	Thì Là
Fiore	Hoa
Giardino	Vườn
Ingrediente	Thành Phần
Lavanda	Hoa oải Hương
Maggiorana	Lá Kinh Giới
Menta	Bạc Hà
Origano	Oregano
Prezzemolo	Mùi Tây
Qualità	Chất Lượng
Rosmarino	Rosemary
Timo	Xạ Hương
Verde	Xanh
Zafferano	Nghệ Tây

Escursionismo
Đi bộ Đường Dài

Acqua	Nước
Animali	Động Vật
Campeggio	Cắm Trại
Clima	Khí Hậu
Guide	Hướng Dẫn
Mappa	Bản Đồ
Montagna	Núi
Natura	Thiên Nhiên
Orientamento	Sự Định Hướng
Parchi	Công Viên
Pericoli	Mối Nguy Hiểm
Pesante	Nặng
Pietre	Đá
Preparazione	Chuẩn Bị
Scogliera	Vách Đá
Selvaggio	Hoang Dã
Sole	Mặt Trời
Stanco	Mệt
Stivali	Giày Ống
Zanzare	Muỗi

Fantascienza
Khoa học Viễn Tưởng

Atomico	Nguyên Tử
Cloni	Nhái
Distopia	Dystopia
Esplosione	Nổ
Estremo	Cực
Fantastico	Tuyệt Vời
Fuoco	Lửa
Futuristico	Tương Lai
Galassia	Thiên Hà
Illusione	Ảo Giác
Immaginario	Tưởng Tượng
Libri	Sách
Misterioso	Bí Ẩn
Mondo	Thế Giới
Oracolo	Oracle
Pianeta	Hành Tinh
Realistico	Thực Tế
Scenario	Kịch Bản
Tecnologia	Công Nghệ
Utopia	Utopia

Fattoria #1
Trang Trại số 1

Acqua	Nước
Agricoltura	Nông Nghiệp
Ape	Con Ong
Asino	Donkey
Campo	Trường
Cane	Chó
Capra	Dê
Cavallo	Ngựa
Fertilizzante	Phân Bón
Fieno	Cỏ Khô
Gatto	Con Mèo
Gregge	Đàn
Maiale	Lợn
Miele	Mật Ong
Mucca	Bò
Pollo	Gà
Recinto	Hàng Rào
Riso	Gạo
Semi	Hạt Giống
Vitello	Bắp Chân

Fattoria #2
Trang Trại số 2

Agricoltore	Nông Dân
Alveare	Tổ Ong
Anatra	Vịt
Animali	Động Vật
Cibo	Thức Ăn
Fienile	Vựa
Frutta	Trái Cây
Frutteto	Thẻ
Grano	Lúa Mì
Irrigazione	Thủy Lợi
Latte	Sữa
Mais	Ngô
Maturo	Chín
Mulino a Vento	Cối xay Gió
Oche	Ngỗng
Orzo	Lúa Mạch
Pecora	Cừu
Prato	Đồng Cỏ
Trattore	Máy Kéo
Verdura	Rau

Filantropia
Hoạt Động từ Thiện

Bambini	Trẻ Em
Bisogno	Cần
Carità	Từ Thiện
Comunità	Cộng Đồng
Contatti	Liên Lạc
Donare	Tặng
Finanza	Tài Chính
Fondi	Quỹ
Generosità	Thế Hệ
Gioventù	Thanh Niên
Globale	Toàn Cầu
Gruppi	Nhóm
Missione	Nhiệm Vụ
Obiettivi	Mục Tiêu
Onestà	Trung Thực
Persone	Người
Programmi	Chương Trình
Pubblico	Công Cộng
Storia	Lịch Sử
Umanità	Nhân Loại

Fiori
Những Bông Hoa

Dente di Leone	Bồ Công Anh
Gardenia	Gardenia
Gelsomino	Jasmine
Giglio	Hoa loa Kèn
Girasole	Hướng Dương
Ibisco	Dâm Bụt
Lavanda	Hoa oải Hương
Lilla	Tử Đinh Hương
Magnolia	Magnolia
Margherita	Daisy
Mazzo	Bó Hoa
Orchidea	Phong Lan
Papavero	Poppy
Peonia	Hoa mẫu Đơn
Petalo	Cánh Hoa
Plumeria	Plumeria
Rosa	Hoa Hồng
Trifoglio	Cỏ ba Lá
Tulipano	Lời Khuyên

Fisica
Vật Lý

Accelerazione	Gia Tốc
Atomo	Nguyên Tử
Caos	Hỗn Loạn
Chimico	Hóa Chất
Densità	Mật Độ
Elettrone	Điện Tử
Espansione	Mở Rộng
Formula	Công Thức
Frequenza	Tần Số
Gas	Khí
Gravità	Trọng Lực
Magnetismo	Từ Tính
Meccanica	Cơ Khí
Molecola	Phân Tử
Motore	Động Cơ
Nucleare	Hạt Nhân
Particella	Hạt
Universale	Phổ
Variabile	Biến
Velocità	Vận Tốc

Forme
Hình Dạng

Angolo	Góc
Arco	Cung
Bordi	Cạnh
Cerchio	Vòng Tròn
Cilindro	Hình Trụ
Cono	Nón
Curva	Đường Cong
Ellisse	Ellipse
Iperbole	Hyperbola
Lato	Bên
Linea	Hàng
Piramide	Kim tự Tháp
Poligono	Đa Giác
Prisma	Lăng
Quadrato	Quảng Trường
Rettangolo	Hình chữ Nhật
Rotondo	Vòng
Sfera	Cầu
Triangolo	Tam Giác

Forniture Artistiche
Đồ Dùng Nghệ Thuật

Acqua	Nước
Acquerelli	Màu Nước
Acrilico	Acrylic
Argilla	Đất Sét
Carbone	Than
Carta	Giấy
Cavalletto	Easel
Colla	Keo
Colori	Màu Sắc
Creatività	Sáng Tạo
Gomma	Tẩy
Idee	Ý Tưởng
Inchiostro	Mực
Matite	Bút Chì
Olio	Dầu
Pastelli	Pastels
Sedia	Ghế
Spazzole	Bàn Chải
Tavolo	Bàn
Telecamera	Máy Ảnh

Forza e Gravità
Lực Lượng và Trọng Lực

Asse	Trục
Attrito	Ma Sát
Centro	Trung Tâm
Dinamico	Năng Động
Distanza	Khoảng Cách
Espansione	Mở Rộng
Fisica	Vật Lý
Magnetismo	Từ Tính
Meccanica	Cơ Khí
Movimento	Cử Động
Orbita	Quỹ Đạo
Peso	Cân Nặng
Pianeti	Hành Tinh
Pressione	Sức Ép
Proprietà	Tính Chất
Scoperta	Khám Phá
Slancio	Đà
Tempo	Thời Gian
Universale	Phổ
Velocità	Tốc Độ

Frutta
Trái Cây

Albicocca	Quả Mơ
Ananas	Dứa
Arancia	Cam
Avocado	Trái Bơ
Bacca	Quả Mọng
Banana	Chuối
Ciliegia	Quả anh Đào
Kiwi	Quả Kiwi
Lampone	Mâm Xôi
Limone	Chanh
Mango	Trái Xoài
Mela	Táo
Melone	Dưa
Mora	Blackberry
Nettarina	Cây Xuân Đào
Papaia	Đu Đủ
Pera	Lê
Pesca	Đào
Prugna	Mận
Uva	Nho

Geografia
Môn địa Lý

Altitudine	Độ Cao
Atlante	Atlas
Città	Thành Phố
Continente	Lục Địa
Emisfero	Bán Cầu
Fiume	Sông
Isola	Đảo
Latitudine	Vĩ Độ
Longitudine	Kinh Độ
Mappa	Bản Đồ
Mare	Biển
Meridiano	Kinh Tuyến
Mondo	Thế Giới
Montagna	Núi
Nord	Bắc
Ovest	Hướng Tây
Paese	Quốc Gia
Regione	Khu Vực
Sud	Phía Nam
Territorio	Lãnh Thổ

Geologia
Địa Chất Học

Acido	Axit
Altopiano	Cao Nguyên
Calcio	Calcium
Caverna	Hang Động
Continente	Lục Địa
Corallo	San Hô
Cristalli	Tinh Thể
Erosione	Xói Mòn
Fossile	Hóa Thạch
Lava	Dung Nham
Minerali	Khoáng Sản
Pietra	Đá
Quarzo	Thạch Anh
Sale	Muối
Stalagmiti	Măng Đá
Stalattite	Nhũ Đá
Strato	Lớp
Terremoto	Động Đất
Vulcano	Núi Lửa
Zona	Vùng

Geometria
Hình Học

Altezza	Chiều Cao
Angolo	Góc
Calcolo	Tính Toán
Cerchio	Vòng Tròn
Curva	Đường Cong
Diametro	Đường Kính
Dimensione	Kích Thước
Equazione	Phương Trình
Logica	Hợp Lý
Mediano	Trung Bình
Numero	Số
Orizzontale	Ngang
Parallelo	Song Song
Proporzione	Tỷ Lệ
Segmento	Khúc
Simmetria	Đối Xứng
Superficie	Bề Mặt
Teoria	Học Thuyết
Triangolo	Tam Giác
Verticale	Thẳng Đứng

Giardino
Khu Vườn

Albero	Cây
Amaca	Võng
Cespuglio	Bụi Cây
Erba	Cỏ
Erbacce	Weeds
Fiore	Hoa
Frutteto	Thẻ
Garage	Ga-Ra
Giardino	Vườn
Pala	Xẻng
Panca	Băng Ghế
Portico	Hiên
Rastrello	Cào
Recinto	Hàng Rào
Rocce	Đá
Stagno	Ao
Suolo	Đất
Terrazza	Sân Thượng
Trampolino	Tấm Bạt
Tubo	Vòi

Giorni e Mesi
Ngày và Tháng

Agosto	Ngày
Anno	Năm
Aprile	Tháng Tư
Calendario	Lịch
Dicembre	Tháng 12
Domenica	Chủ Nhật
Febbraio	Tháng Hai
Gennaio	Tháng Một
Giovedì	Thứ Năm
Giugno	Tháng Sáu
Luglio	Tháng Bảy
Lunedì	Thứ Hai
Martedì	Thứ Ba
Mercoledì	Thứ Tư
Mese	Tháng
Ottobre	Tháng Mười
Sabato	Thứ Bảy
Settembre	Tháng 9
Settimana	Tuần
Venerdì	Thứ Sáu

Governo
Chính Quyền

Capo	Lãnh Đạo
Cittadinanza	Quốc Tịch
Civile	Dân Sự
Costituzione	Hiến Pháp
Democrazia	Dân Chủ
Discorso	Phát Biểu
Discussione	Thảo Luận
Giudiziario	Tư Pháp
Giustizia	Sự Công Bằng
Indipendenza	Độc Lập
Legale	Hợp Pháp
Legge	Luật
Libertà	Tự Do
Monumento	Monument
Nazione	Quốc Gia
Politica	Chính Trị
Quartiere	Quận
Simbolo	Biểu Tượng
Stato	Tiểu Bang
Uguaglianza	Bình Đẳng

uida
iều Khiển

uto	Xe Hơi
utobus	Xe Buýt
arburante	Nhiên Liệu
eni	Phanh
arage	Ga-Ra
as	Khí
cidente	Tai Nạn
cenza	Giấy Phép
appa	Bản Đồ
oto	Xe Máy
otore	Động Cơ
edonale	Đi Bộ
ericolo	Nguy Hiểm
olizia	Cảnh Sát
icurezza	An Toàn
trada	Đường
raffico	Giao Thông
rasporto	Vận Chuyển
unnel	Đường Hầm
elocità	Tốc Độ

I Media
Các Phương Tiện Truyền T

Atteggiamenti	Thái Độ
Commerciale	Thương Mại
Comunicazione	Liên Lạc
Digitale	Kỹ Thuật Số
Edizione	Phiên Bản
Educazione	Giáo Dục
Fatti	Sự Thật
Finanziamento	Kinh Phí
Foto	Ảnh
Giornali	Báo
Individuale	Cá Nhân
Industria	Công Nghiệp
Intellettuale	Trí Tuệ
Locale	Địa Phương
Online	Trực Tuyến
Opinione	Ý Kiến
Pubblicità	Quảng Cáo
Pubblico	Công Cộng
Radio	Đài
Rete	Mạng

Imbarcazioni
Thuyền

Albero	Cột Buồm
Ancora	Neo
Barca a Vela	Thuyền Buồm
Boa	Phao
Canoa	Xuồng
Corda	Dây Thừng
Equipaggio	Phi Hành Đoàn
Fiume	Sông
Kayak	Kayak
Lago	Hồ
Mare	Biển
Marea	Thủy Triều
Marinaio	Thủy Thủ
Motore	Động Cơ
Nautico	Hải Lý
Oceano	Đại Dương
Onde	Sóng
Traghetto	Phà
Yacht	Du Thuyền
Zattera	Bè

ngegneria
ỹ Thuật

ngolo	Góc
sse	Trục
alcolo	Tính Toán
ostruzione	Xây Dựng
iagramma	Sơ Đồ
iametro	Đường Kính
iesel	Diesel
istribuzione	Phân Phối
nergia	Năng Lượng
orza	Sức Mạnh
ngranaggi	Bánh Răng
iquido	Chất Lỏng
lacchina	Máy
lisurazione	Đo
lotore	Động Cơ
rofondità	Độ Sâu
ropulsione	Đẩy
otazione	Xoay
tabilità	Ổn Định
truttura	Kết Cấu

Insetti
Côn Trùng

Afide	Rệp
Ape	Con Ong
Calabrone	Hornet
Cavalletta	Châu Chấu
Cicala	Con ve Sầu
Coccinella	Ladybug
Coleottero	Bọ Cánh Cứng
Falena	Bướm Đêm
Farfalla	Bướm
Formica	Kiến
Larva	Ấu Trùng
Locusta	Cào Cào
Mantide	Bọ Ngựa
Pulce	Bọ Chét
Scarafaggio	Gián
Termite	Mối
Verme	Sâu
Vespa	Ong
Zanzara	Muỗi

Jazz
Nhạc Jazz

Album	Album
Artista	Nghệ Sĩ
Batteria	Trống
Canzone	Bài Hát
Compositore	Nhà Soạn Nhạc
Composizione	Thành Phần
Concerto	Buổi hòa Nhạc
Enfasi	Nhấn Mạnh
Famoso	Nổi Danh
Genere	Thể Loại
Improvvisazione	Hứng
Musica	Âm Nhạc
Nuovo	Mới
Orchestra	Dàn Nhạc
Preferiti	Yêu Thích
Ritmo	Nhịp
Stile	Phong Cách
Talento	Tài Năng
Tecnica	Kỹ Thuật
Vecchio	Cũ

L'Azienda
Các Công Ty

Creativo	Sáng Tạo
Decisione	Quyết Định
Globale	Toàn Cầu
Industria	Công Nghiệp
Investimento	Đầu Tư
Occupazione	Việc Làm
Possibilità	Khả Năng
Presentazione	Trình Bày
Prodotto	Sản Phẩm
Professionale	Chuyên Nghiệp
Progresso	Tiến Bộ
Qualità	Chất Lượng
Reddito	Doanh Thu
Reputazione	Danh Tiếng
Rischi	Rủi Ro
Risorse	Tài Nguyên
Salari	Tiền Lương
Tendenze	Xu Hướng
Unità	Đơn Vị

Letteratura
Văn Học

Analisi	Phân Tích
Analogia	Tương Tự
Aneddoto	Giai Thoại
Autore	Tác Giả
Biografia	Tiểu Sử
Conclusione	Phần kết Luận
Confronto	So Sánh
Descrizione	Sự Miêu Tả
Dialogo	Hội Thoại
Genere	Thể Loại
Metafora	Ẩn Dụ
Opinione	Ý Kiến
Poesia	Bài Thơ
Poetico	Thơ
Rima	Vần
Ritmo	Nhịp
Romanzo	Tiểu Thuyết
Stile	Phong Cách
Tema	Chủ Đề
Tragedia	Bi Kịch

Libri
Sách

Autore	Tác Giả
Carattere	Nhân Vật
Collezione	Bộ sưu Tập
Contesto	Bối Cảnh
Dualità	Kéo Dài
Immersione	Ngâm
Inventivo	Sáng Tạo
Letterario	Văn Học
Lettore	Người Đọc
Pagina	Trang
Parole	Từ
Poesia	Thơ
Rilevante	Có Liên Quan
Romanzo	Tiểu Thuyết
Scritto	Viết
Serie	Loạt
Storia	Câu Chuyện
Storico	Lịch Sử
Tragico	Bi Kịch
Umoristico	Hài Hước

Malattia
Bệnh

Addominale	Bụng
Allergie	Dị Ứng
Batterico	Vi Khuẩn
Contagioso	Lây Nhiễm
Corpo	Cơ Thể
Cronico	Mãn Tính
Cuore	Tim
Debole	Yếu
Ereditario	Di Truyền
Guarigione	Chữa Bệnh
Immunità	Miễn Dịch
Infiammazione	Viêm
Lombare	Thắt Lưng
Ossa	Xương
Patogeni	Mầm Bệnh
Polmonare	Phổi
Respiratorio	Hô Hấp
Salute	Sức Khỏe
Sindrome	Hội Chứng
Terapia	Trị Liệu

Mammiferi
Động vật có Vú

Balena	Cá Voi
Cane	Chó
Canguro	Kangaroo
Cavallo	Ngựa
Cervo	Hươu
Coniglio	Thỏ
Coyote	Coyote
Delfino	Cá Heo
Elefante	Con Voi
Gatto	Con Mèo
Giraffa	Hươu cao Cổ
Gorilla	Khỉ Đột
Leone	Sư Tử
Lupo	Chó Sói
Orso	Gấu
Pecora	Cừu
Scimmia	Khỉ
Toro	Bò Đực
Volpe	Cáo
Zebra	Ngựa Vằn

Matematica
Toán Học

Angoli	Góc
Aritmetica	Số Học
Decimale	Thập Phân
Diametro	Đường Kính
Equazione	Phương Trình
Esponente	Mũ
Frazione	Phân Số
Geometria	Hình Học
Numeri	Số
Parallelo	Song Song
Perimetro	Chu Vi
Perpendicolare	Vuông Góc
Poligono	Đa Giác
Quadrato	Quảng Trường
Raggio	Bán Kính
Rettangolo	Hình chữ Nhật
Simmetria	Đối Xứng
Somma	Tổng
Triangolo	Tam Giác
Volume	Âm Lượng

Ieditazione
hiền

ccettazione	Chấp Nhận
ttenzione	Chú Ý
alma	Lặng
hiarezza	Rõ Ràng
ompassione	Thương Hại
mozioni	Cảm Xúc
entilezza	Lòng Tốt
ratitudine	Lòng Biết Ơn
lentale	Tâm Thần
lente	Lí Trí
lovimento	Phong Trào
lusica	Âm Nhạc
latura	Thiên Nhiên
sservazione	Quan Sát
ace	Hòa Bình
ensieri	Suy Nghĩ
ostura	Tư Thế
rospettiva	Quan Điểm
espirazione	Thở
ilenzio	Im Lặng

Meteo
Thời Tiết

Arcobaleno	Cầu Vồng
Asciutto	Khô
Atmosfera	Không Khí
Cielo	Bầu Trời
Clima	Khí Hậu
Fulmine	Sét
Ghiaccio	Nước Đá
Monsone	Gió Mùa
Nebbia	Sương Mù
Nube	Đám Mây
Polare	Cực
Siccità	Hạn Hán
Temperatura	Nhiệt Độ
Tempesta	Bão Táp
Tornado	Lốc Xoáy
Tropicale	Nhiệt Đới
Tuono	Sấm Sét
Umido	Ẩm Ướt
Uragano	Cơn Bão
Vento	Gió

Misurazioni
Các Phép Đo

Altezza	Chiều Cao
Byte	Byte
Centimetro	Centimet
Chilogrammo	Kilôgam
Chilometro	Kilômét
Decimale	Thập Phân
Grado	Trình Độ
Grammo	Gram
Larghezza	Chiều Rộng
Litro	Lít
Lunghezza	Chiều Dài
Massa	Khối Lượng
Metro	Mét
Minuto	Phút
Oncia	Ounce
Peso	Cân Nặng
Pollice	Inch
Profondità	Độ Sâu
Tonnellata	Tấn
Volume	Âm Lượng

Mitologia
Thần Thoại

rchetipo	Nguyên Mẫu
omportamento	Hành Vi
reatura	Sinh Vật
reazione	Sáng Tạo
ultura	Văn Hoá
isastro	Thảm Họa
ivinità	Các vị Thần
roe	Anh Hùng
Forza	Sức Mạnh
Fulmine	Sét
Gelosia	Ghen
Guerriero	Chiến Binh
mmortalità	Sự bất Tử
Labirinto	Mê Cung
Leggenda	Truyền Thuyết
Magico	Huyền Diệu
Mortale	Có Chết
Mostro	Quái Vật
Tuono	Sấm
Vendetta	Trả Thù

Moda
Thời Trang

Abbigliamento	Quần Áo
Boutique	Cửa Hàng
Caro	Đắt
Confortevole	Thoải Mái
Elegante	Thanh Lịch
Minimalista	Tối Giản
Modello	Mẫu
Moderno	Hiện Đại
Modesto	Khiêm Tốn
Originale	Gốc
Pizzo	Ren
Pratico	Thực Tế
Pulsanti	Nút
Ricamo	Nghề Thêu
Semplice	Đơn Giản
Sofisticato	Tinh Vi
Stile	Phong Cách
Tendenza	Xu Hướng
Tessuto	Vải
Trama	Kết Cấu

Musica
Âm Nhạc

Album	Album
Armonia	Hòa Hợp
Ballata	Ballad
Cantante	Ca Sĩ
Cantare	Hát
Classico	Cổ Điển
Coro	Điệp Khúc
Lirico	Trữ Tình
Melodia	Giai Điệu
Microfono	Microphone
Musicale	Âm Nhạc
Musicista	Nhạc Sĩ
Opera	Opera
Poetico	Thơ
Registrazione	Ghi Âm
Ritmico	Nhịp Nhàng
Ritmo	Nhịp
Strumento	Dụng Cụ
Tempo	Tiến Độ
Vocale	Giọng Hát

Natura
Thiên Nhiên

Animali	Động Vật
Api	Ong
Artico	Bắc Cực
Bellezza	Vẻ Đẹp
Deserto	Sa Mạc
Dinamico	Năng Động
Erosione	Xói Mòn
Fiume	Sông
Fogliame	Lá
Foresta	Rừng
Ghiacciaio	Sông Băng
Montagne	Núi
Nebbia	Sương Mù
Nuvole	Đám Mây
Santuario	Thánh
Selvaggio	Hoang Dã
Sereno	Serene
Tropicale	Nhiệt Đới
Vitale	Quan Trọng

Numeri
Con Số

Cinque	Năm
Decimale	Thập Phân
Diciannove	Mười Chín
Diciassette	Mười Bảy
Diciotto	Mười Tám
Dieci	Mười
Dodici	Mười Hai
Due	Hai
Nove	Chín
Otto	Tám
Quattordici	Mười Bốn
Quattro	Bốn
Quindici	Mười Lăm
Sedici	Mười Sáu
Sei	Sáu
Sette	Bảy
Tre	Ba
Tredici	Mười Ba
Venti	Hai Mươi
Zero	Số Không

Nutrizione
Dinh Dưỡng

Amaro	Đắng
Appetito	Ngon
Bilanciato	Cân Bằng
Calorie	Calo
Carboidrati	Carbohydrate
Commestibile	Ăn Được
Dieta	Ăn Kiêng
Digestione	Tiêu Hóa
Fermentazione	Lên Men
Gusto	Hương Vị
Liquidi	Chất Lỏng
Peso	Cân Nặng
Proteine	Protein
Qualità	Chất Lượng
Salsa	Nước Xốt
Salute	Sức Khỏe
Sano	Khỏe Mạnh
Spezie	Gia Vị
Tossina	Độc Tố
Vitamina	Vitamin

Oceano
Đại Dương

Anguilla	Lươn
Balena	Cá Voi
Barca	Thuyền
Corallo	San Hô
Delfino	Cá Heo
Gamberetto	Tôm
Granchio	Cua
Maree	Thủy Triều
Medusa	Sứa
Onde	Sóng
Ostrica	Hàu
Pesce	Cá
Polpo	Bạch Tuộc
Sale	Muối
Scogliera	Trả Lại
Spugna	Bọt Biển
Squalo	Cá Mập
Tartaruga	Rùa
Tempesta	Bão Táp
Tonno	Cá Ngừ

Paesaggi
Phong Cảnh

Cascata	Thác Nước
Collina	Đồi
Deserto	Sa Mạc
Fiume	Sông
Ghiacciaio	Sông Băng
Golfo	Vịnh
Grotta	Hang
Isola	Đảo
Lago	Hồ
Laguna	Đầm
Mare	Biển
Montagna	Núi
Oasi	Ốc Đảo
Oceano	Đại Dương
Palude	Đầm Lầy
Penisola	Bán Đảo
Spiaggia	Bãi Biển
Tundra	Lãnh Nguyên
Valle	Thung Lũng
Vulcano	Núi Lửa

Paesi #1
Quốc gia số 1

Brasile	Brazil
Cambogia	Campuchia
Canada	Canada
Egitto	Ai Cập
Finlandia	Phần Lan
Germania	Đức
India	Ấn Độ
Iraq	Iraq
Israele	Israel
Libia	Libya
Mali	Mali
Marocco	Morocco
Norvegia	Na Uy
Panama	Panama
Polonia	Ba Lan
Romania	Romania
Senegal	Senegal
Spagna	Tây ban Nha
Venezuela	Venezuela
Vietnam	Việt Nam

aesi #2
uốc gia # 2

bania	Albania
nimarca	Đan Mạch
iopia	Ethiopia
amaica	Jamaica
appone	Nhật Bản
ecia	Hy Lạp
iti	Haiti
donesia	Indonesia
anda	Ireland
os	Lào
beria	Liberia
essico	Mexico
epal	Nepal
geria	Nigeria
kistan	Pakistan
ussia	Nga
iria	Syria
udan	Sudan
craina	Ukraina
ganda	Uganda

Pesca
Đánh bắt Cá

Acqua	Nước
Attrezzatura	Thiết Bị
Barca	Thuyền
Branchie	Mang
Cesto	Cái Rổ
Cucinare	Nấu
Esagerazione	Phóng Đại
Esca	Mồi
Filo	Dây
Fiume	Sông
Gancio	Móc
Lago	Hồ
Mascella	Hàm
Oceano	Đại Dương
Pazienza	Kiên Nhẫn
Peso	Cân Nặng
Pinne	Vây
Spiaggia	Bãi Biển
Stagione	Mùa

Piante
Cây

Albero	Cây
Bacca	Quả Mọng
Bambù	Tre
Botanica	Thực vật Học
Cactus	Xương Rồng
Cespuglio	Bụi Cây
Crescere	Lớn Lên
Edera	Ivy
Erba	Cỏ
Fagiolo	Hạt Đậu
Fertilizzante	Phân Bón
Fiore	Hoa
Flora	Flora
Fogliame	Lá
Foresta	Rừng
Giardino	Vườn
Muschio	Rêu
Petalo	Cánh Hoa
Radice	Nguồn Gốc
Vegetazione	Thực Vật

rofessioni #1
ghề Nghiệp số 1

mbasciatore	Đại Sứ
rtista	Nghệ Sĩ
tleta	Lực Sĩ
vvocato	Luật Sư
allerino	Vũ Công
anchiere	Ngân Hàng
acciatore	Thợ Săn
ditore	Biên tập Viên
armacista	Dược Sĩ
eologo	Nhà địa Chất
ioielliere	Jeweler
draulico	Plumber
nfermiera	Y Tá
arinaio	Thủy Thủ
edico	Bác Sĩ
usicista	Nhạc Sĩ
ianista	Nghệ sĩ Piano
arto	Thợ May
cienziato	Nhà Khoa Học
eterinario	Bác sĩ thú Y

Professioni #2
Nghề Nghiệp số 2

Agricoltore	Nông Dân
Astronauta	Phi Hành Gia
Bibliotecario	Thủ Thư
Chimico	Nhà hóa Học
Dentista	Nha Sĩ
Detective	Thám Tử
Editore	Nhà Xuất Bản
Filosofo	Triết Gia
Fotografo	Nhiếp ảnh Gia
Giornalista	Nhà Báo
Illustratore	Hoạ
Ingegnere	Kỹ Sư
Insegnante	Giáo Viên
Linguista	Nhà Ngôn Ngữ
Medico	Bác Sĩ
Pilota	Phi Công
Pittore	Họa Sĩ
Politico	Chính trị Gia
Professore	Giáo Sư

Psicologia
Tâm lý Học

Appuntamento	Cuộc Hẹn
Clinico	Lâm Sàng
Cognizione	Nhận Thức
Comportamento	Hành Vi
Conflitto	Xung Đột
Ego	Cái Tôi
Emozioni	Cảm Xúc
Esperienze	Kinh Nghiệm
Idee	Ý Tưởng
Inconscio	Bất Tỉnh
Infanzia	Thời thơ Ấu
Influenze	Ảnh Hưởng
Pensieri	Suy Nghĩ
Personalità	Cá Tính
Problema	Vấn Đề
Realtà	Thực Tế
Sensazione	Cảm Giác
Subconscio	Tiềm Thức
Terapia	Trị Liệu
Valutazione	Đánh Giá

Riscaldamento Globale
Sự Nóng lên Toàn Cầu

Ambientale	Môi Trường
Artico	Bắc Cực
Attenzione	Chú Ý
Clima	Khí Hậu
Conseguenze	Hậu Quả
Crisi	Khủng Hoảng
Dati	Dữ Liệu
Energia	Năng Lượng
Futuro	Tương Lai
Gas	Khí
Generazioni	Các thế Hệ
Governo	Chính Phủ
Industria	Công Nghiệp
Internazionale	Quốc Tế
Legislazione	Pháp Luật
Ora	Bây Giờ
Popolazioni	Dân
Scienziato	Nhà Khoa Học
Sviluppo	Phát Triển
Temperature	Nhiệt Độ

Ristorante #2
Nhà Hàng số 2

Acqua	Nước
Aperitivo	Món Khai Vị
Bevanda	Đồ Uống
Cameriere	Phục vụ Nam
Cena	Bữa Tối
Cucchiaio	Cái Thìa
Delizioso	Ngon
Forchetta	Cái Nĩa
Frutta	Trái Cây
Ghiaccio	Băng
Insalata	Salad
Minestra	Súp
Pesce	Cá
Pranzo	Bữa Trưa
Sale	Muối
Sedia	Ghế
Spezie	Gia Vị
Torta	Bánh
Uova	Trứng
Verdure	Rau

Salute e Benessere #1
Sức Khỏe và sức Khỏe # 1

Abitudine	Thói Quen
Altezza	Chiều Cao
Attivo	Hoạt Động
Batteri	Vi Khuẩn
Fame	Đói
Farmacia	Tiệm Thuốc
Frattura	Gãy Xương
Medicina	Thuốc
Medico	Bác Sĩ
Muscoli	Cơ Bắp
Nervi	Dây Thần Kinh
Ormoni	Kích Thích Tố
Ossa	Xương
Pelle	Da
Postura	Tư Thế
Riflesso	Phản Xạ
Rilassamento	Thư Giãn
Terapia	Trị Liệu
Trattamento	Điều Trị
Virus	Vi Rút

Salute e Benessere #2
Sức Khỏe và sức Khỏe # 2

Allergia	Dị Ứng
Anatomia	Giải Phẫu Học
Appetito	Ngon
Caloria	Calo
Corpo	Cơ Thể
Dieta	Ăn Kiêng
Digestione	Tiêu Hóa
Disidratazione	Mất Nước
Energia	Năng Lượng
Genetica	Di Truyền
Igiene	Vệ Sinh
Infezione	Nhiễm Trùng
Malattia	Bệnh
Massaggio	Xoa Bóp
Nutrizione	Dinh Dưỡng
Ospedale	Bệnh Viện
Peso	Cân Nặng
Sangue	Máu
Sano	Khỏe Mạnh
Vitamina	Vitamin

Scacchi
Cờ Vua

Avversario	Đối Thủ
Bianco	Trắng
Campione	Quán Quân
Concorso	Cuộc Thi
Diagonale	Đường Chéo
Giocatore	Người Chơi
Gioco	Trò Chơi
Intelligente	Thông Minh
Nero	Đen
Passivo	Thụ Động
Punti	Điểm
Re	Vua
Regina	Nữ Hoàng
Regole	Quy Tắc
Sacrificio	Hy Sinh
Strategia	Chiến Lược
Tempo	Thời Gian
Torneo	Giải Đấu

Scienza
Khoa Học

Atomo	Nguyên Tử
Chimico	Hóa Chất
Clima	Khí Hậu
Dati	Dữ Liệu
Esperimento	Thí Nghiệm
Evoluzione	Tiến Hóa
Fatto	Thực Tế
Fisica	Vật Lý
Fossile	Hóa Thạch
Gravità	Trọng Lực
Ipotesi	Giả Thuyết
Metodo	Phương Pháp
Minerali	Khoáng Sản
Molecole	Phân Tử
Natura	Thiên Nhiên
Osservazione	Quan Sát
Particelle	Hạt
Piante	Cây
Scienziato	Nhà Khoa Học

pezie
ia Vị

glio	Tỏi
maro	Đắng
nice	Cây Hồi
annella	Quế
ardamomo	Thảo Quả
ipolla	Hành
oriandolo	Rau Mùi
umino	Cây thì Là
urcuma	Nghệ
urry	Cà Ri
olce	Ngọt
inocchio	Thì Là
iquirizia	Cam Thảo
oce Moscata	Nhục đậu Khấu
aprika	Ớt cựa Gà
epe	Tiêu
ale	Muối
aniglia	Vani
afferano	Nghệ Tây
enzero	Gừng

Strumenti Musicali
Nhạc Cụ

Armonica	Harmonica
Arpa	Đàn Hạc
Bacchette	Đùi
Banjo	Bass
Chitarra	Đàn ghi Ta
Clarinetto	Clarinet
Fagotto	Dàn Nhạc
Flauto	Sáo
Gong	Chiêng
Mandolino	Mandolin
Marimba	Marimba
Percussione	Gõ
Pianoforte	Dương Cầm
Sassofono	Saxophone
Tamburello	Lục Lạc
Tamburo	Trống
Tromba	Kèn
Trombone	Trombone
Violino	Đàn vi ô Lông
Violoncello	Cello

Tecnologia
Công Nghệ

Blog	Blog
Browser	Trình Duyệt
Byte	Nội
Computer	Máy Tính
Cursore	Con Trỏ
Dati	Dữ Liệu
Digitale	Kỹ Thuật Số
File	Tập Tin
Font	Chữ
Internet	Internet
Messaggio	Thông Điệp
Ricerca	Nghiên Cứu
Schermo	Màn
Sicurezza	An Ninh
Software	Phần Mềm
Statistiche	Thống Kê
Telecamera	Máy Ảnh
Virtuale	Ảo
Virus	Vi Rút

Tempo
Thời Gian

nno	Năm
nnuale	Hàng Năm
alendario	Lịch
ecennio	Thập Kỷ
opo	Sau
uturo	Tương Lai
iorno	Ngày
eri	Hôm Qua
Mattina	Buổi Sáng
Mese	Tháng
Mezzogiorno	Buổi Trưa
Minuto	Phút
Notte	Đêm
Oggi	Hôm Nay
Ora	Giờ
Orologio	Đồng Hồ
Presto	Sớm
Prima	Trước
Secolo	Thế Kỷ
Settimana	Tuần

Tipi di Capelli
Các Loại Tóc

Argento	Bạc
Asciutto	Khô
Bianco	Trắng
Biondo	Tóc Vàng
Breve	Ngắn
Calvo	Hói
Colorato	Màu
Grigio	Màu Xám
Intrecciato	Bện
Liscio	Mịn
Lungo	Dài
Marrone	Màu Nâu
Morbido	Mềm
Nero	Đen
Riccio	Xoăn
Riccioli	Curls
Sano	Khỏe Mạnh
Sottile	Mỏng
Spessore	Dày
Trecce	Braids

Uccelli
Chim

Airone	Diệc
Anatra	Vịt
Aquila	Đại Bàng
Cicogna	Cò
Cigno	Thiên Nga
Colomba	Yêu
Cuculo	Chim Cu
Fenicottero	Flamingo
Gabbiano	Mòng Biển
Oca	Ngỗng
Pappagallo	Con Vẹt
Passero	Chim Sẻ
Pavone	Công
Pellicano	Bồ Nông
Piccione	Chim bồ Câu
Pinguino	Chim Cánh Cụt
Pollo	Gà
Struzzo	Đà Điểu
Tucano	Toucan
Uovo	Trứng

Vacanze #2
Kỳ Nghỉ số 2

Aeroporto	Sân Bay
Campeggio	Cắm Trại
Destinazione	Điểm Đến
Foto	Ảnh
Hotel	Khách Sạn
Isola	Đảo
Mappa	Bản Đồ
Mare	Biển
Montagne	Núi
Passaporto	Hộ Chiếu
Spiaggia	Bãi Biển
Straniero	Ngoại Quốc
Taxi	Xe tắc Xi
Tempo Libero	Giải Trí
Tenda	Lều
Trasporto	Vận Chuyển
Treno	Xe Lửa
Vacanza	Ngày Lễ
Viaggio	Hành Trình
Visto	Thị Thực

Veicoli
Xe Cộ

Aereo	Máy Bay
Ambulanza	Xe cứu Thương
Auto	Xe Hơi
Autobus	Xe Buýt
Barca	Thuyền
Bicicletta	Xe Đạp
Camion	Xe Tải
Caravan	Caravan
Furgone	Van
Metropolitana	Xe Điện Ngầm
Motore	Động Cơ
Pneumatici	Lốp
Razzo	Tên Lửa
Scooter	Xe tay Ga
Sottomarino	Tàu Ngầm
Taxi	Xe tắc Xi
Traghetto	Phà
Trattore	Máy Kéo
Treno	Xe Lửa
Zattera	Bè

Verdure
Rau Củ

Aglio	Tỏi
Broccolo	Bông cải Xanh
Carciofo	Atisô
Carota	Cà Rốt
Cetriolo	Dưa Chuột
Cipolla	Hành
Fungo	Nấm
Insalata	Salad
Melanzana	Cà Tím
Oliva	Ô Liu
Patata	Khoai Tây
Pisello	Đậu
Pomodoro	Cà Chua
Prezzemolo	Mùi Tây
Rapa	Củ Cải
Scalogno	Củ Hẹ
Sedano	Cần Tây
Spinaci	Rau Bina
Zenzero	Gừng
Zucca	Quả bí Ngô

Vestiti
Quần Áo

Abito	Ăn
Braccialetto	Vòng Tay
Calzini	Vớ
Camicetta	Áo Cánh
Camicia	Áo sơ Mi
Cappello	Mũ
Cintura	Thắt Lưng
Collana	Vòng Cổ
Giacca	Áo Khoác
Gonna	Váy
Grembiule	Tạp Dề
Guanti	Găng Tay
Jeans	Quần Jean
Maglione	Áo Len
Moda	Thời Trang
Pantaloni	Quần
Pigiama	Pajama
Sandali	Dép
Scarpa	Giày
Sciarpa	Khăn Quàng Cổ

Congratulazioni

Ce l'hai fatta!

Speriamo che questo libro vi sia piaciuto tanto quanto a noi è piaciuto concepirlo. Ci sforziamo di creare libri della più alta qualità possibile.
Questa edizione è progettata per fornire un apprendimento intelligente, di qualità e divertente!

Le è piaciuto questo libro?

Una Semplice Richiesta

Questi libri esistono grazie alle recensioni che pubblicate.

Puoi aiutarci lasciando una recensione
ora a questo link ?

BestBooksActivity.com/Recensioni50

SFIDA FINALE!

Sfida n°1

Sei pronto per il tuo gioco gratuito? Li usiamo sempre, ma non sono così facili da trovare - ecco i Sinonimi!
Scrivi 5 parole che hai trovato nei puzzle (n° 21, n° 36, n° 76) e prova a trovare 2 sinonimi per ogni parola.

Scrivi 5 parole del ***Puzzle 21***

Parole	Sinonimo 1	Sinonimo 2

Scrivi 5 parole del ***Puzzle 36***

Parole	Sinonimo 1	Sinonimo 2

Scrivi 5 parole del ***Puzzle 76***

Parole	Sinonimo 1	Sinonimo 2

Sfida n°2

Ora che ti sei riscaldato, scrivi 5 parole che hai trovato nei puzzle n° 9, n° 17 e n° 25 e cerca di trovare 2 contrari per ogni parola. Quanti ne puoi trovare in 20 minuti?

Scrivi 5 parole del ***Puzzle 9***

Parole	Antonimo 1	Antonimo 2

Scrivi 5 parole del ***Puzzle 17***

Parole	Antonimo 1	Antonimo 2

Scrivi 5 parole del ***Puzzle 25***

Parole	Antonimo 1	Antonimo 2

Sfida n°3

Grande! Questa sfida  non è niente per te!

Pronto per la sfida finale? Scegli 10 parole che hai scoperto nei diversi puzzle e scrivile qui sotto.

1.	6.
2.	7.
3.	8.
4.	9.
5.	10.

Ora scrivi un testo pensando a una persona, un animale o un luogo che ti piace.

Puoi usare l'ultima pagina di questo libro come bozza.

La tua composizione:

TACCUINO:

A PRESTO!

Tutta la Squadra

www.ingramcontent.com/pod-product-compliance
Lightning Source LLC
Chambersburg PA
CBHW082051120626
46553CB00011B/3354
9798896705963